抓住五个关键，陪孩子一起成长

父母陪伴孩子的时间很长，但真正能影响孩子的时间很短。我们做父母的，越是在孩子小的时候，越不要因为忙而忽略了孩子的成长。

每个孩子都是上天赐给父母的礼物，可是没有哪份礼物能给父母带来这么多甜蜜的快乐，同时也带来那么多愁人的难题。

- 孩子早早学会张口喊爸爸妈妈了，可长大了在外面就是不爱说话，怎么办？
- 孩子从小就喜欢画画，常得到老师的表扬，但学习成绩一直不冒尖儿，要不要继续发展她的兴趣呢？
- 我的孩子特别聪明，就是做事没有耐性，学什么都是三分钟热情，监督他学习很头疼。
- 我的孩子长得还不错，就是不肯好好吃饭，每天全家人的主要任务就是连哄带劝逼他好好吃饭。
- 孩子一被老师批评，回家就要哭鼻子，遇到困难就退缩，一点都不能承受挫折，该怎么引导？

......

别担心，作为这本书的作者，我们也是和你一样的，从带娃焦虑中一步步走过来的妈妈。

本书作者之一何小英，曾是对外经济贸易大学国际商学院EMBA 项目的副主任，服务对象全部都是企业高管，培训课程学费 30 多万元。在教育孩子的过程中，她发现自己和先生的教育理念存在较大的分歧。她认为对孩子的不足要宽容对待，要以鼓励和表扬为主，但她的先生是一位"狼爸"，对孩子非常严厉。每次看到"狼爸"批评孩子时情绪失控，小英老师都会超级火大，甚至需要喝杯冰水才能冷静下来。为了找到科学的育儿方法，她陆续看了 200 多本国内外的优秀家庭亲子育儿书，上了很多亲子教育和儿童情商的课程，学习很多专业系统的育儿方法，有了不少心得。在这个过程中，她和先生不断探讨、不断实践，慢慢摸索出一套融合了"慈母"和"狼爸"优点的教学法，连学而思家长帮家长学堂都邀请她讲授亲子教育大咖音频课和视频直播课，其中的"战胜拖延，教孩子学会时间管理"课程一上线就成为学而思家长帮家长学堂的热门亲子直播课，点播人数近 10 万人。看到自己的课程能够帮助到这么多的家庭，小英老师毅然决然辞职，成为一名专职的亲子教育讲师。她认为没有什么比帮助父母更懂孩子、帮助孩子更加幸福来得重要。她常常期待长大后的孩子会开心地拥抱着她，对她说："妈妈，谢谢你！你是世界上最懂我的好妈妈，我非常爱你！"

本书另一位作者魏华，是 2 个孩子的妈妈，大宝 9 岁，小宝 2 岁。现在她是大家眼里的亲子教育专家，被大宝上的小学特聘为校外辅导员，请她专门给其他家长讲亲子教育和儿童社会情感课。她的亲子微课"五招搞定孩子磨蹭拖拉"在大 V 店有将近 12 万人收听。大家肯定想不到，魏华这样的亲子专家，也曾有产后抑郁。她在生完大宝之后，作为一个新手妈妈，不知如何应对身边这个又哭又闹、又拉又尿的小人儿，很无助，结果患上了严重的产后抑郁症，而且

何小英 魏华 李丛 著

NO MUSS NO FUSS

不急不吼

轻松养出好孩子

人民邮电出版社
北京

图书在版编目（ＣＩＰ）数据

不急不吼　轻松养出好孩子 / 何小英，魏华，李丛
著. -- 北京：人民邮电出版社，2018.7（2023.9重印）
ISBN 978-7-115-48526-7

Ⅰ. ①不… Ⅱ. ①何… ②魏… ③李… Ⅲ. ①家庭教
育 Ⅳ. ①G78

中国版本图书馆CIP数据核字(2018)第095168号

内 容 提 要

孩子起床上学拖拖拉拉，家里"兵荒马乱"，怎么办？每天催催催，让他早点上床睡觉，怎么这么难？孩子爱撒谎，原因竟然出在家长身上？我都喜欢玩手机，怎么才能让孩子不沉迷手机游戏？饭来张口，衣来伸手，这样的孩子如何学会独立思考？孩子不爱练琴，我该坚持还是放弃？不爱学习只想玩，我该拿他怎么办？

别着急，解决这些问题，我们有办法！

本书是三位优秀妈妈培养孩子的经验总结，从培养孩子的良好习惯、兴趣爱好、学习能力，以及关注孩子心理健康和家庭成员沟通 5 个关键方面，带领家长了解孩子的身心发展规律，分析孩子成长过程中遇到的问题，并给出经过作者亲身实践并被很多家庭证明行之有效的方法。希望本书提供的方法能帮助家长找到与孩子沟通的正确方式，促进孩子健康成长。

◆ 著　　　　何小英　魏　华　李　丛
　　责任编辑　马雪伶
　　责任印制　马振武

◆ 人民邮电出版社出版发行　　北京市丰台区成寿寺路 11 号
　邮编　100164　电子邮件　315@ptpress.com.cn
　网址　https://www.ptpress.com.cn

涿州市般润文化传播有限公司印刷

◆ 开本　880×1230　1/32
　印张：7　　　　　　　　　2018 年 7 月第 1 版
　字数：162 千字　　　　　2023 年 9 月河北第 16 次印刷

定价：49.00 元

读者服务热线：(010)81055410　印装质量热线：(010)81055316
反盗版热线：(010)81055315
广告经营许可证：京东市监广登字 20170147 号

一患就是 3 年。这 3 年期间，魏华每天过着"暗无天日"的生活，那种痛刻骨铭心，导致亲子关系、夫妻关系、婆媳关系、同事关系等都糟糕到了极点。魏华回忆当时的自己，常常是一边说对孩子要温和坚定，一边生气时又开始打孩子，一打完就后悔。到了大宝 3 岁时，魏华下定决心要改变这样的生活。于是，她开始学习育儿方法和自我提升的方法。原本，学习育儿方法只想搞定孩子，但是没想到的是：学习有效的育儿方法后，受益最大的竟然是她自己——她的心态改变了，亲子关系亲密了，家庭关系和谐了，她的事业也开始了二次腾飞。她越来越享受育儿的过程，2016 年 7 月又生了二宝。所以在这本书里，魏华将她这 7 年学到的育儿知识、所做的 300 次讲座和课程的经验沉淀、从 1000 多个案例辅导中提炼的方法和工具，毫无保留地分享给你。魏华在这里想说："在孩子的成长过程中，出现任何问题都很正常，家长不用担心和焦虑。我们有方法，慢慢来。"

本书最后一位作者李丛，是一个孕期讲课超过 350 个小时，怀孕 40 周还在游泳的两个孩子的妈妈，也是一个实战派的正面管教导师。她倡导"敢生还会过"的生活方式，以实际行动激励着越来越多的多子女家庭。然而，如此淡定的宝妈也是从焦虑的新手妈妈走过来的。她第一次做妈妈的时候，带着 1 岁 4 个月的孩子从深圳回东北老家，要坐 37 个小时的火车。整整两个晚上，她和老公几乎没有合眼，因为孩子一入夜就哇哇大哭。他们轮番抱着孩子在已经熄灯的火车里，挨个车厢走，用尽了各种办法哄孩子——喂奶、讲故事，甚至看 iPad，都没能减少孩子的哭闹。正是因为经历了新手妈妈的痛苦，她开启"疯狂"的学习与练习模式，积极应用所有学到的育儿知识和技巧，并不断地总结、反思和改进。为了养好孩子，她辞去了银行稳定的工作，成为国内第一批正面管教导师。她参与撰写了畅销书《行之有效的正面管教工具》，她的微信公众号文章《别让你的孩子成为有父母的"孤儿"》阅读量超过 200 万。如今李丛是"在行"百单行家；是分答小讲讲师，分答付费问答收听人次突破 6 万；5 年内讲授近 100 期线下课程"家长工作坊"，面授过 2000 多名家长，培养了超过 500 名家长讲师。她研发的"多子女养育家长课堂"在北京、上海、广州、深圳、郑州、西安、长春等十余个城市推广，她的线下课程常常一天内报满。在本书中，李丛会教给你易学易用、有效有趣的实战派育儿方法，让更多妈妈和她一样，"俩娃以后，精彩依旧"！

本书的作者都是妈妈，她们现在不但把自己的孩子照顾得很好，也发展了自己的事业。所以说母亲不但是新的角色，也是新的转机。

一旦成为父母，首先是自己要快速成长，才能适应孩子的成长。

在本书中，我们会聚焦 3~12 岁的孩子，从培养孩子的良好习惯、兴趣爱好、学习能力，以及关注孩子心理健康和家庭成员沟通等 5 个关键方面，带领家长了解孩子的身心发展规律及心理需求。同时，提供我们亲身实践并被很多家庭证明行之有效的方法，帮助家长们找到与孩子沟通的正确方式，促进孩子的健康成长。

希望本书不仅仅能帮助家长对孩子进行引导与培养，也能让家长自己不断地成长。

最后希望这本书能成为每一位家长打开教育孩子这扇门的钥匙。

各位家长、同行、专家，如果有什么问题需要交流，或者对本书有任何改进和指正建议，欢迎来微信公众号"妈妈点赞"（微信号：momup100）交流互动。也欢迎大家在公众号回复"樱花丛"，听三位作者为大家分享的一段语音。

1

第3章 提升孩子的学习能力 ——————————**105**

3.1 四招让孩子学会管理时间
时间管理，从娃娃抓起

3.2 游戏学习法，学习根本停不下来
学习太枯燥，只想逃

3.3 好好做作业，这里有大招
陪写作业误终身

3.4 学霸们都在用的撒手锏——用好错题集

4.5 用活"CAP 原则"，培养孩子的自控力

孩子失控的烦恼

4.6 孩子叛逆怎么办？聪明的家长都这么做

你说东，我偏要西

第5章 家庭沟通好，孩子更快乐 ——————177

5.1 隔代育儿矛盾多，怎么说老人才愿意听

第 1 章

培养孩子的好习惯

1.1 学会四叶草法则，
帮孩子改掉不良习惯

"什么是教育？简单一句话，就是要养成良好的习惯。"孩子习惯好不好，是省心的父母和操心的父母最大的区别。

孩子起床上学拖拖拉拉，家里"兵荒马乱"成常态

小米 7 岁时，每天全家都过着"兵荒马乱"的日子——小米晚上睡得晚，早上喊 3 遍以上才肯起床，刷牙、洗脸时磨磨蹭蹭，吃早饭慢慢吞吞，妈妈越催她越慢。小米上学经常迟到，经常被老师批评，连累妈妈也经常迟到、被领导批评。妈妈心里烦透了，经常为这事发火，家里的气氛常年"剑拔弩张"，甚至有时候"硝烟弥漫"。

这不，妈妈今天好不容易把小米叫醒起床，20 分钟后小米还没洗漱完毕，竟然躲在厕所打游戏！妈妈气得火冒三丈，把小米狠狠教训了一番。小米大哭了一顿，不但早饭没吃，而且和妈妈又双双迟到了。

其实小米家的情况在很多家庭都有，孩子成长过程中常见的不良习惯，有撒谎、打架、磨蹭、偷东西、不肯上学、不按时睡觉、不好好吃饭、不好好写作业……每个父母都可以据此写出一本"血泪史"。养孩子，怎么就这么难呢！

孩子刚刚来到这个世界上，我们怀着何等的柔情和期盼，给他们取上一个响亮的名字，希望他们健康长大，又希望他们有幸福的一生，希望他们做一个自律、自信、诚实、有担当的人。但在长大的过程中，总有那么多的小状况，

让我们气馁。当孩子出现不良行为时，父母应该怎么引导，才能培养出具有良好习惯的孩子呢？其实，培养孩子的良好习惯也是要讲究方法的。西方把四叶草作为好运的象征，而好习惯能带来好运气，下面我们给大家分享一个培养孩子好习惯的"四叶草法则"。先一起来看看分别是哪四片叶子。

第一片叶子：提前约定，让孩子心中有数。
第二片叶子：制订目标，有目标的人才不会迷路。
第三片叶子：有限选择，孩子更愿意合作。
第四片叶子：认可孩子，让孩子更有价值感。

？ 这四片叶子分别针对什么内容？
家长怎么用好"四叶草法则"呢？

第一片叶子：提前约定，让孩子心中有数

父母与孩子提前约定好规则，再引导孩子执行，会比直接要求孩子执行更见效。

小米后来改掉磨蹭的习惯，是因为小米妈妈运用了自己发明的"时间闯关卡"，这个游戏很简单。

游戏目的： 帮助孩子在快乐中克服磨蹭的习惯。
道具要求： 一张 A4 纸，红、黑、蓝 3 支中性笔。
场地要求： 在孩子房间找一个他（她）一眼就能看到的空墙壁（贴在小黑板上也行）。
游戏时间： 每天 10 分钟左右。

详细玩法

第①步：画表。

在白纸上画出 7 列：时间、项目、周一到周五。（如下图所示）

时间闯关卡

时间	任务	星期一	星期二	星期三	星期四	星期五

小米的时间闯关卡

第②步：列清单。

引导孩子在每一行中写上要做的事情，如起床、刷牙洗脸、吃早餐、出门……

第③步：打卡。

可以在一张表上画画，也可以写字，最终由孩子自己做主，在每件事情后写上执行顺序及完成的时间。每完成一项，就在表上打一个"√"。

第④步：庆祝。

孩子每按时完成一项，就可以得到一张卡（比如孩子喜欢的卡通人物小纸牌），孩子集齐 10 张卡，妈妈可以满足孩子的一个小愿望。

★ 特别提醒

家长引导孩子时要注意，时间写得不要太"死"，否则孩子完成不了会有挫败感，也就不愿意继续贯彻下去。

提前约定和列清单的好处，是让孩子对接下来发生的事有所了解，"知情"会给孩子安全感，更容易发展自律的性格。让孩子参与制作他们的日程表，会提高孩子的归属感和成就感，更加愿意遵守和履行。

如果，有的孩子不愿意遵守约定，家长该怎么办呢？

家长先不用担心，这里有办法可以让孩子慢慢遵守约定，并让约定持续有效。

首先，家长要了解孩子不愿意遵守约定的真正原因是什么。了解清楚原因之后，再有针对性地解决，效果会更好。

一般情况下，孩子不遵守约定的原因有以下几方面。

（1）家长没原则，即使孩子不遵守约定也没有不良后果。

（2）家长没方法，孩子耍赖皮，通过哭闹、软磨硬泡让家长妥协。

（3）所约定的内容有难度，孩子不容易做到。

不管是以上哪种原因，家长都要用温和而坚定的态度和孩子沟通。要认可孩子的小进步，慢慢引导孩子逐步遵守约定。如果是约定的内容有难度，请父母适当降低难度系数，一步一步来，让孩子逐步做到。孩子一旦体会到成就感和价值感，就更容易执行。

家长要记住的一点是：一定要做个"说话算话"的父母。做个有规则和界限的父母，孩子就不会频频提出无理的要求，从而会让约定持续有效。

第二片叶子：制订目标，有目标的人才不会迷路

父母给孩子制订的目标不能太高，也不能太低。

如果我们在孩子坚持打卡的基础上，再围绕打卡行动设置一个小目标，那么打卡的效果会更好。

比如我们可以围绕一个主题进行打卡。和孩子约定 30 天，写书法或画画，每天完成约定后就贴一面小红旗，直到 30 天的内容全部完成。

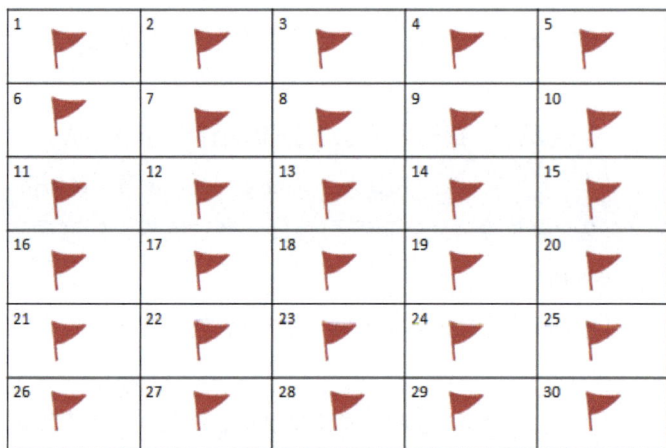

1	2	3	4	5
6	7	8	9	10
11	12	13	14	15
16	17	18	19	20
21	22	23	24	25
26	27	28	29	30

主题打卡图

但是要注意，目标太难实现，孩子会有挫败感；太容易实现则会让孩子失去奋斗的热情。

如何引导孩子合理地制订目标呢？可以遵循 SMART 原则。

Specific：明确的　制订的计划要清晰而具体，让孩子一看就明白。如每天晚上 9:30 睡觉，每天早上 6:30 起床。

Measurable：可量化　要有一个可以量化的目标。如期末考试每科均比上一次考试高 2 分。

Achievable：可达成　制订的计划通过努力可以完成，而不是竭尽全力都无法实现。如每天复习掌握当天的生词。

Realistic：可行的　制订的计划具有可实施性，方便孩子执行。如每天做完作业后，再画一幅画，或做 2 道数学题。

Time Bound：有时间限制　制订计划时一定要有期限。如 3 天、7 天、21 天、30 天、一学期等。

第三片叶子：有限选择，孩子更愿意合作

给孩子有限的选择，让孩子有自我做主的机会。

现在小米吃早餐，小米妈妈不再让她做"饭来张口的小公主"，而是问："小米，你是愿意帮助大家分碗还是摆筷子呢？"

小米想了想，说："我来摆筷子吧。"

小米很开心地摆好筷子，然后全家一起吃早餐。这顿早饭不但吃得愉快而且很舒心，还比原计划提前了 5 分钟吃完饭，顺利地做好出门上学的准备。

出门时，妈妈又问小米："你是让妈妈帮你拿书包，还是自己背书包？"

小米说："我自己背书包，自己的事情自己做！"

在妈妈的引导下，小米逐渐养成了早上按时起床、吃早餐、自己背书包上学的好习惯。

孩子为什么会这么配合妈妈呢？是因为妈妈没有命令她，而是给了她选择的空间和自由，孩子感到被尊重、被理解，因此，更愿意和妈妈合作。

第四片叶子：认可孩子，让孩子更有价值感

孩子大部分的不当行为，都可以认为是因为缺乏适当的鼓励和认可。

有的孩子一开始打卡时很积极，可是三分钟热度过后就会放弃。跑马拉松的时候，每 5 公里就有一个补给站，沿路还设有专门给选手加油的啦啦队。**孩子的人生马拉松也是这样，家长要做他们的"补给站"和"啦啦队"，为他们加油鼓劲。**

家长多关注孩子的正面情况，寻找"鼓励点"和"认可点"。以前检查作业时，小米妈妈总会焦虑地检查哪个字写错了，现在她不再将关注点放在写得不好的地方，而是去发现写得工整的一个字，甚至一个字母，每找到一个闪光点，都郑重地鼓励孩子。时间一长，小米的汉字书写有了较大的进步。

认可孩子的技巧也尤为重要，下面是一些很好的认可孩子的技巧。

（1）清晰描述孩子值得认可的行为。例如，孩子按时

起床，妈妈说："我看到<u>你今天闹钟一响就立刻起床了</u>，好准时！"

（2）具体感激孩子的努力而不是结果。例如，"谢谢你在妈妈洗衣服时，<u>搬来了小板凳。</u>"（哪怕孩子在搬的过程中把板凳摔了好几次）

（3）发现孩子的小进步，即使再糟糕的情况，也有值得称赞的地方。例如，"今天比昨天<u>多认了一个字</u>！"（哪怕昨天只认了一个，今天认了两个，也是进步）

（4）赞美孩子的频率要恰到好处。赞美像糖果，使用时要注意频率。糖果吃多了会有蛀牙，赞美听多了会膨胀。只听到赞美的孩子，容易盲目自大。

"四叶草法则"不但可以解决孩子拖拉的问题，还可以培养孩子早睡早起、正确饮食、整理书桌、收拾书包、主动运动、承担家务、自觉写作业的好习惯。

6 ~ 8 岁是培养孩子良好习惯的关键时期，一定要抓住这个"性价比最高"的黄金时间培养孩子的生活好习惯。如果错过了这个时段，父母将要花更多的时间，来纠正孩子的不良行为。

✏

小练习：孩子写作业磨蹭怎么改

瑶瑶有做作业磨蹭的坏习惯，上课经常迟到，自控力也很差，这时家长需要如何用"四叶草法则"引导呢？

🍃 第一片叶子：提前约定，让孩子心中有数。

🍃 第二片叶子：制订目标，有目标的人才不会迷路。

🍃 第三片叶子：有限选择，孩子更愿意合作。

🍃 第四片叶子：认可孩子，让孩子更有价值感。

请关注微信公众号"妈妈点赞",回复关键词"习惯",可以看到更多妈妈的心得。

1.2 孩子不好好吃饭? 原来我们一直都错怪了他

哪里有天生不好好吃饭的孩子呢?只有不喜欢在紧张焦虑氛围中吃饭的孩子。

威威小时候,几乎每顿饭都是一场战争

威威瘦得皮包骨头。一到吃饭的时候,他就会成为全家的中心。

威威用筷子一粒一粒地挑着碗里的米饭,外婆什么事都不做,只盯着威威:"吃饭!吃菜!把碗端起来!"对外婆来说,只要孩子把饭吃下去,就是最大的胜利。

妈妈则一会儿对外婆说:"你别管他,让他自己吃。"一会儿转头对威威说:"你这顿饭不吃完,晚上就没得吃!"

外公很烦地跟外婆说:"你管好你自己!"

爸爸一开始置身事外,后来实在忍不住,把筷子扔到了威威身上:"让你快点吃,你听到了没有?"

每一次吃饭,妈妈都想尽办法:"再吃最后五口!再吃最后一口!"最终的结果是大家都精疲力竭!

为了让威威好好吃饭,妈妈买来了十几本"儿童食谱",变着花样给

他做好吃的，温柔地各种哄，结果威威还是不吃！

万般无奈之下，只能上惩罚了——"在规定的时间内不吃完，就不许吃了，晚上也没有别的东西吃！"到了晚上，威威饿得睡不着觉，妈妈也坚持不给他吃东西，他哭了一个小时，居然累得睡着了。那一刻，妈妈又心疼又痛苦，觉得自己就像个"后妈"。

? 这样的战争，在你们家有没有？

事实上，孩子吃饭问题不是个别现象，而是普遍现象。沈阳妇女儿童保健中心曾花了 5 年时间，对 1594 名儿童的饮食行为进行问卷调查，结果不容乐观——居然有一半以上的儿童都存在不同的饮食问题！

打开微信群聊和朋友圈，看到的都是妈妈们因为孩子不好好吃饭而焦虑，原来大家都同病相怜。

"孩子在幼儿园自己吃饭，可是回家却总是要喂饭，不肯好好吃饭，该怎么办？"

"我说不吃就不吃吧！但是孩子就会越来越瘦啊，也更容易生病。老人很心疼，就会更用心地喂，虽然也喂不进去多少，但心里会觉得多喂点，总是更好！"

"为了能让孩子好好吃饭，我用尽了招数。我家的益生菌、健胃消食片、钙锌咀嚼片、益力多都没有断过。我还买了各种营养素，如果哪天确实觉得他吃得比较少，就在晚上睡觉前给他喝一杯，算是图个心安吧。总之，为了孩子吃饭的问题，我也是操碎了心啊。"

"我家宝宝吃得太慢了，吃顿饭半小时以上司空见惯，有时甚至吃上一整晚，看着就窝火。"

"我女儿每天像小鸟啄食一样，吃上两口就不吃了，这个不肯吃、那个不肯吃。烦死了！"

吃饭本来是一件轻松、幸福、开心的事儿，但现在的家长对孩子吃饭的问题过于紧张，反而导致吃饭时氛围紧张、鸡飞狗跳。试想，如果你是孩子，被两个大人夹在中间，完全动弹不得，一边伸过来一只手，被逼迫着吃饭、吃菜，你也一定会感到很难受。你的本能反应，可能也是紧紧闭着嘴巴，扭着头，一口都不想吃！

如果你家孩子不肯吃饭，试着问问自己：

（1）吃饭时的气氛是轻松愉快的吗？

（2）孩子能够自己决定吃不吃、吃多少吗？

（3）孩子有参与到食物的制作过程中吗？

（4）在孩子吃饭问题上，爸爸妈妈和祖辈是否达成了一致意见，不会把争执表现在孩子面前？

如果有 2 个以上的答案是"no"，**那么，导致你家孩**

子吃饭问题的原因，**在你，不在孩子**。我们推荐父母了解让孩子好好吃饭的"4P 原则"。

Positive **正面**：营造正面愉快的吃饭环境，给孩子积极影响。

Power **权力**：把吃饭的权力还给孩子。

Participation **参与**：让孩子参与到食物的制作过程中。

Perseverance **坚持**：家长的态度要坚持如一。

Positive 正面：营造正面的吃饭环境，给孩子积极影响

现在大部分家庭中，孩子都是一家人的中心，孩子吃饭成了饭桌上最受关注的问题。"再多吃两口！不许挑食！吃口胡萝卜，对眼睛好！" 一顿饭下来，妈妈都是先照顾孩子吃饭，自己几乎吃不上饭，常常把自己累得半死，喂完孩子，妈妈就不想吃了。

家长可以回想一下自己参加过的愉快的饭局。一定不是别人拼命给你夹菜，而你一点儿都不爱吃。愉快的饭局上大家交流情感，享受美食，每个人都会积极参与。那么在饭桌上，家长可以试试把注意力放在享受美食和交流上，不再盯着孩子到底吃了几口饭、几口菜。

当孩子不是饭桌的中心时，他反而更容易模仿大人去享受食物。威威开始时觉得很惊讶，为什么妈妈和外婆不再强迫自己吃饭了？真的可以想不吃就不吃吗？他马上挑战妈妈的极限——那我不吃胡萝卜也不吃鱼！然后他歪头看妈妈有什么反应。妈妈平静地说："好。"妈妈不再盯着威威吃了

几口，而是自己认真享受食物，一边吃一边跟爸爸聊聊今天发生的新鲜事，聊聊这道菜的做法和材料，饭桌上欢声笑语响起来了。威威观察了好几天，发现真的没有人再强迫自己吃饭。看到妈妈吃胡萝卜吃得可香了，他忍不住说："妈妈，我也要吃胡萝卜！"

让孩子爱吃饭的不是饭菜本身，而是吃饭的好气氛。威威妈妈刚开始尝试这个方法的时候，虽然嘴上不说，但是心里还是会嘀咕——"这顿饭他吃了多少口，到底吃没吃饱？"尽管如此，威威妈妈还是坚持营造吃饭的轻松气氛。现在，吃饭已经成为威威家一天最开心的时刻之一，一家人边吃边聊，其乐融融。威威也开始享受跟家人一起吃饭的乐趣，没人盯着他吃饭，他反而越吃越多。

Power 权力：把吃饭的权力还给孩子

我们自己也有过胃口不好、心情不好、不想吃饭的时候，我们还会突发奇想，想吃一次垃圾食品过过瘾，也会在心情低落时想大吃一把零食。可是我们却要求孩子们乖乖吃下所有端上桌的食物，不管他们饿不饿、想不想吃。

孩子需要拥有一个自己的核心权力，即可以自行决定：我要不要吃？要吃多少？"吃饭是你自己的事儿，妈妈相信你可以照顾好你自己，所有的菜你都可以吃，如果你觉得自己吃饱了，就可以不吃，妈妈会让你离开饭桌。"

在吃饭这件事上，家长可以跟孩子约定吃饭的规则。孩子更容易遵守他们共同参与制订的规则。我们可以跟孩子共同商议以下几个问题。

每天什么时候开始吃饭？什么时候结束吃饭？

吃饭要在哪里吃？是否必须在餐桌和家人一起共同用餐，不能随意跑动？

孩子是自己吃还是大人喂？

除了吃饭时间，在其他时段家里还会提供可以食用的东西吗？

其实，这些规则并不是固定的，而是根据每家的具体情况，由家长引导孩子共同制订。关键是一旦制订出来，最好全家共同执行。同时，吃饭的规则可以有一周试用期，根据实际情况进行调整后，再固定下来。

如果把吃饭的权力还给孩子了，那么父母的作用又是什么呢？

（1）父母可以决定：供应什么给孩子吃？

如果你不希望孩子吃零食或垃圾食品，那么家里就不要准备，千万不能一边准备着，一边又不允许孩子吃。

（2）**父母确保：把饭菜做好吃。**

南方人无法接受咸辣豆花，北方人拒绝吃肉粽子，四川人没有听说过"清汤火锅"，但是我们却不允许孩子"挑食"！每个人都有饮食偏好，我们需要理解这种基因里的倾向，尽可能把饭菜做得好吃一点儿，也不必勉强孩子全部吃掉。

（3）**父母可以尝试：给食物趣味命名，将吃饭变成一种生活美学。**

有研究表明，当胡萝卜还是胡萝卜时，有35%的胡萝卜会被孩子吃掉；而当胡萝卜变成"X光透视眼胡萝卜"时，被吃掉的胡萝卜比例高达 66%。另外，对于孩子不愿意吃的食物，家长可以包进饺子、包子里，"伪装"食物，看孩子能否慢慢接受。

（4）父母不要：用"不能吃饭"来惩罚孩子。

"吃饭的时候没吃饱，饭后就不能吃任何东西"是很多育儿书上提供的方法，但这是不是一种被伪装的惩罚？本书建议，家里可以备有少量面包或馒头，如果孩子在两餐之间实在饿了，可以自己找到并充饥。让孩子学会感受自己的身体，品味食物的乐趣。

Participation 参与：让孩子参与到食物的制作过程中

为一株玫瑰浇过水，它就成了千万株玫瑰中最特别的一个；为一顿饭付出努力，它就成了平淡三餐里最好吃的一顿。

所有的劳动，都可以邀请孩子共同参与，带孩子一起去超市买菜，做饭时让孩子帮忙淘米或者洗菜，开饭前帮忙把碗筷摆好，吃完饭帮忙擦桌子和洗碗。当孩子参与到做饭的过程中，他对吃饭的兴趣就会浓厚起来，会觉得这顿饭有他的贡献，也就特别愿意去品尝，吃起来也特别香。

让孩子参与，也符合孩子的天性。对于孩子来说，市场是一个新奇的世界——一年四季的蔬果都是不同的，黄澄澄的柚子码成小山，绿油油的大葱成捆地解开，竟然有跟自己一样大的海鱼，几十个透明玻璃罐里装着五颜六色的蜜饯干果。自己可以拿着购物清单替爸爸妈妈选择，多么有意义啊！

在家里，当他站在小凳子上，用胖嘟嘟的小手认真地淘米和洗菜时，他又是一位认真的厨师，闪耀着美食家的光。

威威妈妈也使用了这样的方法。每周五全家去超市采购一周食材之前，她会跟威威一起商量采购清单。到了超市以后，像寻宝一样寻找清单上的食材，是威威最喜欢的工作。

每天晚上做饭的时候，妈妈会邀请威威一起参与。开始的时候，是妈妈每天问："威威，你想参与什么工作呢？是帮妈妈洗菜还是帮妈妈择豆角呢？"后来，则是威威每天主动问："妈妈，今天有什么需要我帮忙的吗？"

随着威威帮忙次数的增加，他会做的事情也越来越多。从一开始的洗碗、洗菜、打鸡蛋，到后来学会做葱油饼！他会用擀面杖把面饼擀平，抹上油，用小手均匀地撒上葱花和盐，熟练地将面饼卷起来，摁平，放到电饼铛里。并且，一边做一边愉快地哼着歌："威威会做葱油饼，威威会做葱油饼！"自己做的葱油饼，他一口气可以吃掉 3 个。后来，外婆来家里的时候，他见到外婆的第一句话就是："外婆，我会做葱油饼，我做给您吃！"这个时候的威威，只有 4 岁。

Perseverance 坚持：家长的态度要坚持如一

让新方法奏效的最关键部分，是家长的新态度——平和、坚定、自然、轻松的态度，这也是"带着爱放手"的态度。

威威的妈妈从对孩子不好好吃饭感到烦恼，到通过学习慢慢调整自己的正面态度，成为孩子的榜样，把吃饭的权力还给孩子，这个过程用了几个月的时间。帮助孩子爱上吃饭的过程可能会漫长又艰辛，但是很值得。如果你家孩子已经养成了不爱吃饭的习惯，要知道这不是十天半个月就可以纠正过来的，要有耐心。这份耐心不是暂时强装出来的淡定，而是正确认识孩子吃饭问题以后的坦然。

威威妈妈想起来，在孩子小的时候，自己是很有耐心的——孩子学会说话，花了 2 年的时间，自己每天至少会教 100 遍孩子喊 "妈妈"；孩子学会走路花了 1 年的时间，自己为了教会孩子走路，每天都不厌其烦地弯着腰陪他走。那个时候，自己都没有急躁。那么为了让孩子学会自己吃饭，爱上吃饭，哪怕多花一些时间，也是值得坚持的。

> **微案例：另一个极端——需要控制饮食的轩轩**
>
> 轩轩上了小学以后，妈妈有了新的烦恼——他吃得太多了！有一次，爸爸坐在轩轩对面，眼睁睁看着他一口气吃了 4 碗米饭，只配了一盘西红柿炒鸡蛋。轩轩爸爸惊呆了，扭过头跟轩轩妈妈说："我爸在我青春期的时候才开始担心我吃得太多，现在轩轩刚上小学，我就开始担心他吃得太多了！"如果不控制轩轩的食量，他几乎每顿饭都可以吃得比爸爸还多，关键是他特别爱吃肉，很少吃叶子菜！轩轩妈妈越来越担心，因为他现在已经是全班最重的孩子啦！以后会不会变成一个大胖子呀！
>
> 为了让轩轩少吃点儿，轩轩妈妈会特意不做轩轩喜欢吃的那几道菜。有时轩轩想要多吃一碗饭，但一看到妈妈凌厉的眼神，又默默地把手缩了回来；等到妈妈不注意了，再偷偷吃更多零食。

对于"吃得多"的孩子,如何运用让孩子好好吃饭的"4P原则"呢?

正面

轩轩妈妈上家长工作坊时,老师问了她这样几个问题来帮助轩轩妈妈调整正面的心态。

"孩子吃得太多,你的感受是什么?"——担心。

"你在担心什么?"——孩子吃太多容易不消化,对身体不好,只吃肉不吃菜容易便秘。上小学了长太胖会被同学嘲笑。长大了要是跟轩轩爸爸一样胖,还容易得脂肪肝!

"这些担心是马上就会发生的吗?发生的概率是100%吗?"——这时轩轩妈妈就发现,自己的担心很多都是还没有发生的,有的要到30年后了!

权力

找回了正面的心态,轩轩妈妈不再一直盯着轩轩每顿饭是不是又吃多了,而是积极地跟轩轩一起商量解决办法。想让孩子健康饮食,重要的不是他律而是自律,让孩子自己掌握自己健康饮食的规律。

轩轩妈妈跟孩子一起商量:"轩轩,关于你吃饭的问题,妈妈很想告诉你我真实的感受。我有些担心和焦虑,是因为你吃了很多肉,而菜吃得不够,运动量也不够,有时候会便秘拉不出便便,而且太胖也不健康。但是妈妈不想限制你,吃饭的权力属于你,吃多少、吃什么都应该由你来决定。"

参与

妈妈对轩轩说:"咱们一起来找对你健康最好的饮食方

法吧。咱们一起来想一想哪些食物你既喜欢吃，又对你的健康有利，哪些食物你不太喜欢吃，但对你健康有利，我们可以换一种烹饪方法。"然后，妈妈和轩轩一起思考，把两个人想到的方法都列在纸上，列了几十条。

接下来，妈妈又和轩轩一起选择出 10 种健康食物，一起约定，轩轩下周的营养餐食谱从选出来的 10 种食物中选择，并且由轩轩和妈妈一起制作。

坚持

妈妈和轩轩的健康食谱计划，每次持续一个星期，一个星期之后再做调整。这样一次一个星期的坚持方式让妈妈和轩轩都觉得可以轻松完成。

1.3 健康的睡眠是美好生活的开始

美的生活需要仪式感，健康的睡眠也需要仪式感。想要让孩子安稳睡觉，重要的是帮孩子培养仪式感——做完这件事就可以安心睡觉了。

⊖ 为了让孩子早点入睡，很多妈妈被逼成了凶妈妈

"我儿子 5 岁了，每天晚上睡觉都很磨人。睡觉前讲整整一个小时的故事，不睡；我不理他也不和他说话，不睡；训斥他或者打他，还是不睡！他不睡觉，我晚上就什么事儿也干不了！"

你的孩子是否也有类似的睡眠问题？

入睡时间晚：很晚才能睡着，每天晚上都超过 10 点。

入睡时间长：从躺下到入睡超过 30 分钟。

入睡困难：一个星期内有超过 3 个晚上闹着不睡觉，各种折腾。

必须哄睡：孩子必须吃着妈妈的奶，或者抱着，甚至要开车出去兜风才能睡着。

必须陪睡：孩子睡觉一定要有人陪在身边，特别是妈妈，一旦妈妈离开，就会很快醒来。

容易夜醒：孩子在入睡后 2 个小时左右醒来，哭闹喊叫，很难安静下来。

睡眠障碍：孩子经常做噩梦或者梦游。

如果以上描述中至少有两个符合你的情况，建议你在孩子睡眠方面的问题上要重视起来了。通常，睡眠问题在 6 岁以下的孩子当中会比较普遍。虽然随着年纪的增长，孩子的睡眠问题会逐渐得到改善，但是家长在经历这个过程时往往会感到非常无助和挫败。

为了更好应对孩子的睡眠问题，我们首先需要了解一些关于睡眠的常识。

睡眠标准时长表（根据美国国家睡眠基金会数据绘制）

年龄	每日推荐睡眠时间
新生儿（0～3个月）	14～17小时
婴儿（4～11个月）	12～15小时
幼童（1～2岁）	11～14小时
学龄前儿童（3～5岁）	10～13小时
学龄儿童（6～13岁）	9～11小时

美国国家睡眠基金会的数据显示，孩子在3个月之前需要的睡眠时间比较长，可能在16个小时以上，1岁时睡眠时间减少到11～14小时，3岁时又减少到10～13小时。

家长可以计算一下自己孩子全天的睡眠时间。如果孩子晚上不肯睡觉，家长可以对照看看孩子是不是白天已经睡够了。3岁以上的孩子已经可以适度减少午睡时间，甚至不午睡也并不会影响孩子的生长发育和身体健康。

要想让孩子在夜晚快速入睡，可以尝试从3个维度入手：环境、规律、能力。

环境（Environment）：创造合适的入睡环境

父母可以通过下表判断是否给孩子营造了合适的入睡环境。

入睡环境测试表

序号	选项	是 or 否
1	给孩子穿了过厚或过薄的衣物	
2	没有关闭智能手机或平板电脑的电源，或将其拿出房间	
3	灯光没有调到柔和而且是间接照明的状态	
4	室温没有调节到舒适的状态	
5	每天没有使用相同的寝具	
6	睡前让孩子从事了情绪激动的活动	
7	卧室没有保持空气清新	
8	卧室有超过 30 分贝的噪声	
9	卧室的色彩过于鲜艳，刺激感官	

如果有 5 个以上问题的回答为"是"，那么说明孩子的睡眠环境不太理想，甚至存在一些会阻碍他们入睡的刺激因素，这时家长就要调整孩子的入睡环境，可以从以下 5 个方面入手。

声音：孩子睡眠的环境，环境音尽量不要超过 30 分贝。当然，家长也并不需要小心翼翼，一丁点儿声音也不发出来。孩子从在妈妈子宫里开始，面对的就不是完全安静的环境，宝宝在睡觉的时候，妈妈可能在走动或者工作。只要把入睡前的声音强度降低一些，和白天的嘈杂形成对比就可以了。

光线：日光灯直射会让孩子的潜意识仍觉得是白天，导致孩子不容易入睡。因此睡觉前需要将直射的日光灯关闭，如果一定要开灯，就开光线柔和的夜灯或小灯。

温度：夏天要适当开启空调，冬天要适当保暖，过冷或者过热都会影响孩子入睡。

装饰：不要使用艳丽的色彩装饰房间，过分繁杂的装饰，也会刺激孩子无法进入睡眠。

玩具：睡觉的房间和玩耍的场所需要分开，卧室不要有声光电的电子产品，减少诱惑。

规律（Routine）：形成规律的"入睡仪式感"

如果说有睡眠魔法，睡前仪式一定是关键的一环。《小王子》中写道："仪式感就是使某一天与其他日子不同，使某一时刻与其他时刻不同。"我们可以通过一系列的睡前仪式，帮助孩子不再抗拒睡眠时刻的到来，从兴奋状态转为平静状态，同时也会让孩子感到安全，每天都能带着父母的爱和祝福入睡。

形成仪式感非常重要的因素是"固定"。固定睡觉的时间，固定睡前的项目，固定结束的方式。睡前仪式的目的是通过每天相对固定的一些行为，来建立孩子的睡眠联想，直到形成条件反射，进入睡前仪式后，孩子马上就会有困意。这也能确保父母在孩子睡觉之前有足够的时间陪伴孩子，去做一些双方都能很愉悦的事情。

睡前仪式包括例行的工作和甜蜜的尾声。

例行工作包括洗澡、洗脸、刷牙、换睡衣等。

甜蜜的尾声是指和爸爸妈妈的游戏和亲密接触，比如平缓的游戏、讲故事、聊天、亲吻和互道晚安。

建议入睡前尽量不要跟孩子玩太激烈的游戏，也尽量不要讲容易让孩子兴奋的故事。因为睡觉前仪式的目的是让孩子逐渐进入睡眠状态，而不是让孩子越来越兴奋。

"凯叔讲故事"平台有 1000 多万粉丝，它的睡前故事栏目开始只有几千个用户，妈妈们反馈说，孩子们听完凯叔的故事太兴奋了，反而睡不着觉。于是，凯叔就调整了策略，每天故事的最后会读一首诗，重复十遍，声音越来越小，越来越弱……孩子们听着听着就慢慢睡着了。这样，妈妈们就非常乐意把"凯叔讲故事"作为睡前节目，平台的收听粉丝也慢慢地涨到了千万级。

父母可以跟孩子一起制订一个简单易懂的睡前惯例表，将睡前要做的事情记录下来，包括例行工作和甜蜜尾声，然后用好玩的方式将其呈现出来，比如使用孩子自己的照片，按照时间顺序贴在一张大纸上，将其挂在容易看到的位置。每做一项工作，就提醒孩子："接下来我们该做什么了？"久而久之，孩子会自觉地形成一套规律，遵照惯例表执行。

能力（Capability）：培养孩子独立入睡的能力

睡前仪式一结束，妈妈要马上离开房间，培养孩子独立入睡的习惯。

如果，我们能在上一个步骤的睡前仪式中保证每一步都是高质量的陪伴，那么孩子就不会在妈妈离开时感到害怕和孤单。孩子之所以缠着妈妈，往往是因为孩子有个敏感的"雷达"，他们敏锐地探测到——"我一睡着，妈妈就会溜走！"

因为有时候，妈妈虽然陪伴了一两个小时，事实上却心不在焉，大部分时候都在想："孩子怎么还没睡着？他睡着了，我好干点儿自己的事儿啊！"有时候，家长一遍一遍地给孩子读故事，并不代表家长的心在孩子身上。很有可能家长早已厌烦了，只是忍耐着，不表现出来而已，孩子也能感觉到。真心的陪伴和用爱去讲故事，孩子一下子就能感觉到。如果孩子的心理满足了，他是不会让妈妈一遍一遍地讲故事的，而是可以做到事先约定好讲几本，就是几本。

一旦孩子有了安全感，他们就会很快入睡。同时，当妈妈培养出孩子独立入睡的能力，孩子也就在养成独立人格的道路上又迈了一大步。

微案例：5 岁威威独立睡的约定

妈妈跟威威有过约定——5 岁生日后，自己独立在一个房间睡觉。

然而，随着威威 5 岁生日的临近，独立睡觉的焦虑却开始蔓延。一提到独立睡觉的事情，威威就会说"可是我一个人睡觉会害怕啊！"或者"要是我的 5 岁生日一直都到不了呢？"焦虑和担心相互传染着，妈妈对独立睡觉这件事也小心翼翼的，不敢多提。

环境　　就在威威 5 岁生日前一晚，妈妈开始跟威威一起布置他的房间。当他们把威威喜欢的印有奥特曼图案的床单铺到床上时，威威兴奋地说："嘿，妈妈，这是我的房间啦！您只能坐着，不能躺着哦！"于是，威威第一次独立入睡的问题一下就解决了。

可惜好景不长，自己睡"奥特曼房"的第 3 天，威威就褪去了最初的新鲜和兴奋，开始赖着妈妈："妈妈，你陪我睡嘛！"一开始，妈妈会陪着威威入睡，然后再回到自己房间，到了半夜，妈妈睡得正香，突然就听到隔壁房间传来威威凄厉的哭声："我要妈妈！我要妈妈！"妈妈噌地一下子就蹿起来，本能地冲到孩子房间，抱起大哭的威威。

一个星期过后，这样的情况并没有得到任何好转，反而更糟糕了，孩子半夜醒来的时间越来越早，甚至因为担心妈妈半夜不见而不愿意入睡。而妈妈也有时妥协，有时强硬，被折腾得疲惫不堪，一点儿精神都没有。

能力

一个月后，威威妈妈在一次家长课堂上和其他妈妈讨论了这个问题，她发现，孩子并不是没有能力自己睡，而是妈妈没有帮孩子发现自己有能力独立睡。妈妈以前只是纠结他哪一天没有自己睡，却没有看到，孩子从决定独立睡到现在，已经有超过 20 天都是自己睡的呢！妈妈只关注到孩子没做到的，却没有看到他已经做到的。于是，妈妈回到家真诚地鼓励了孩子："妈妈看到这周有 5 天你都是自己睡的，而且一直睡得很踏实。算起来，这个月你已经独立睡觉超过 20 天了！"威威骄傲地说："对啊！我都是自己睡的呢！"

"那咱们来做一个表格吧，你自己睡一天，就在上边贴一个贴纸，这样一个月下来，咱们就能看到威威自己睡了多少天呢！"威威很兴奋，觉得完成这样的表格很有成就感。

同时，妈妈也没有像以前那样敷衍和应付孩子，而是认真执行孩子的睡前仪式，完全放下手机，放下焦虑，全身心地投入。每天晚上八点半，妈妈会点亮一个小乌龟夜灯，只要看到夜灯亮了，威威就知道该睡觉了。妈妈提醒一句，他就会自己刷牙、洗脸、换睡衣。

他会到书架上选一本绘本，递到妈妈手里，靠在妈妈身上，听妈妈讲故事。讲完故事之后，妈妈会问："亲爱的宝贝，你今天想要用头关灯还是用脚关灯啊？"威威嬉笑着，伸出小脚丫，关掉卧室灯，躺回妈妈身边。

接下来，妈妈会闭着眼睛，跟他一起玩一个叫"玫瑰与刺"的游戏。

"玫瑰"是问"你今天最开心的事是什么？"

"刺"是问"你今天最不开心的事是什么？"

威威最喜欢跟妈妈玩这个游戏了，他们可以相互诉说，然后安静地倾听。

整个入睡仪式不超过 30 分钟，既没有争吵也没有哭闹，平静而安定。通过这样的方式，威威顺利地度过了独立睡觉的特殊阶段，孩子和妈妈都体会到了成长的力量。

1.4 爱做家务的孩子与不做家务的孩子，长大后差距竟然这么大

学会做家务的孩子，成年后家庭生活更幸福。

● 李小烦有些烦

中国开始实行独生子女政策后，很多家庭只有一个孩子。李小烦就是一个从小不需要做家务的90后。

"你好好吃饭就可以了，家里的活妈妈来干。"这是他上幼儿园时。

"你赶紧写作业吧，学习也累了，啥也不用干了。"这是他上小学时。

"你好好学习就可以了，考上一个好大学比什么都重要。"这是他上中学时。

"你工作一天累了，赶紧休息吧，什么也不用你干。"这是他工作时。

李小烦结婚了，还是不做家务，妈妈每天过来帮忙张罗。后来添了宝宝，李小烦妈妈身体也不好，忙不过来了。每天下班，李太太一边忙活着做饭，一边照顾哭闹的孩子，看着一回到家就在沙发上跷脚玩游戏的李小烦，就气不打一处来。

"你怎么什么都不干啊？"

"你能不能别像个大爷一样天天跷着脚？"

终于有一天，李太太忍不住了，把李小烦的手机狠狠摔在了地上，使劲踩了十几下，盛怒之下喊出了那个词："离婚！"

因为家务引起的大战，最终让这个小家庭走向了解体……

不让孩子做家务不是爱孩子，而是害了他。

研究证明，爱做家务的孩子更优秀。

中国教育科学研究院对全国 2 万多名家长和 2 万名小学生进行的家庭教育状态调查中表明，在孩子专门负责一两项家务活的家庭里，子女成绩优秀的比例为 86.92%，而认为"只要学习好，做不做家务都行"的家庭中，子女成绩优秀的比例仅为 3.17%。

哈佛大学学者曾经对 456 名孩子做了长达二十多年的跟踪研究，得出一个惊人的结论：爱干家务的孩子和不爱干家务的孩子，成年之后的就业率为 15∶1，前者收入比后者高 20%，而且婚姻更幸福；同时，犯罪率是 1∶10。爱做家务的孩子，连心理疾病的患病率都低！

别做"直升机家长"，让孩子去动手吧

"直升机家长"是目前国际上流行的一个新词语——就像直升机一样盘旋在孩子的上空，为孩子包办一切，随时准备伸出"援手"。

有些父母从孩子出生开始就毅然担当起儿女的终生保姆和人生规划师的职责：幼儿园受欺负爸妈要找老师兴师问罪，小学组织打扫卫生父母会跑来帮忙擦玻璃，就连上了大学也要全家总动员，背着行李和孩子一起去学校报到。更有趣的是，孩子大学毕业了找工作，应聘面试的时候，父母站在后面替他回答问话。这些都是"直升机家长"的行为。

测一测你是不是"直升机家长"?

序号	父母的话	是 or 否
1	"孩子,你别随便乱动,外面有很多脏东西,有很多危险,你会受伤的,千万不要乱动,妈妈会告诉你哪些是安全的。"	
2	"妈妈会保护你,妈妈会为你做很多事,只要你好。"	
3	"孩子,妈妈帮你拿过来。孩子,妈妈去给你要回来。孩子,妈妈帮你捡起来。"	
4	"孩子,衣服放着就行了,你去玩吧。来来来,妈妈帮你洗手,妈妈帮你端饭,妈妈喂你。你把碗放着就好了,啥也不用你管。"	
5	"孩子,你只要好好学习就够了,家里什么都不用你管,也不用你做,快放着放着,妈妈来就好了。"	

有2条以上选择"是"的话,那你很可能就是"直升机家长"了!

"直升机家长"看起来是想要成为孩子的保护伞,究其根源,其实是因为不信任孩子的能力。这种不信任会根植在孩子心里,让孩子对自己的能力产生怀疑。

做家务是最低成本的能力培养方式。

有尝试才有经验,有经验才有能力。著名个体心理学家德雷克斯在《孩子,挑战》一书中写道:"我们做不到一辈子保护孩子,我们也不想这样做。我们有责任和义务,训练和培养孩子自己有勇气、有力量面对生活的起起伏伏。"

因此，**要想培养孩子的能力，家长要先学会不做包办一切的"直升机家长"**。接下来，我们就一起看看如何用 3 个步骤培养孩子爱做家务的好习惯。

一、家务清单，人人参与

父母以身作则承担起家务活，而不是将家务全部交给老人或保姆，会给孩子起一个良好的示范作用。天天妈妈发现，家里没有老人或保姆的时候，天天还经常主动到厨房帮忙。可是因为天天妈妈怀上了二胎，家里有了老人和保姆，天天就再也没有机会进厨房帮忙了。

于是，天天妈妈跟全家一起开了家庭会议，列出了家务清单，邀请每一位家庭成员，包括自己和天天都认领一些家务活。不仅家务的分工更明确了，天天也得到了更多的锻炼，更有成就感了。

这个方法的重点如下。

◆ 邀请全家人共同参与，贡献想法和建议，将家里需要的家务活全部列出来。

◆ 允许所有人自由发言，其他人不点评，不评价也不否定。

◆ 邀请每一位家庭成员，包括孩子，认领自己想要做的家务，并把家庭成员的名字写到该项家务活的后面。

认领家务清单后，要创造有趣的方式轮换工作。

◆ 和孩子一起制作一个带转盘的家务轮，如下图所示，将每一项家务活写在转盘的外圈，将家庭成员的名字写在内圈，抽一天转动转盘，随机选择一样之前没有做过的家务活。

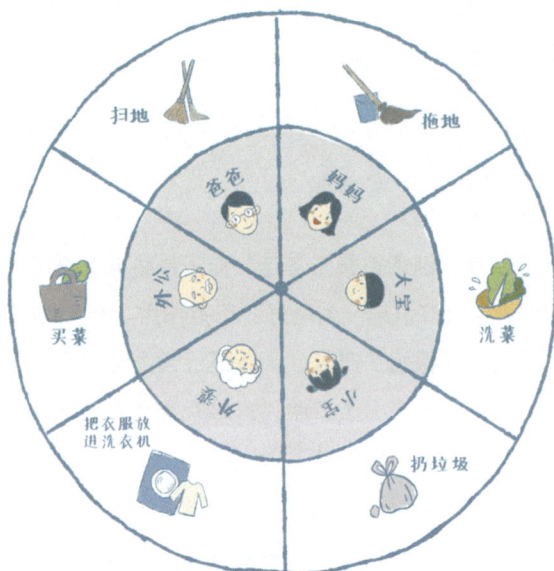

家务轮

◆ 画出有趣的家务图表，将每一个家庭成员的照片剪影贴在认领的工作旁边，下一个星期再调整。

◆ 做一个工作罐，将所有需要做的家务活写在纸条上，每周像抽奖一样，每个人从中选出本周的两项家务活。

这样一来，选择家务会变成一件有趣的事情。一起做家务也会变成对全家都很有意义的特殊时光。

二、根据孩子的年龄手把手教授，花时间训练

无论孩子选择哪一项家务活，在最开始的阶段，都需要时间学习。花时间训练孩子做家务是教授孩子生活技能的一个重要部

分，家长不要期望孩子没有经过训练就知道怎么做。

比如，3 岁的孩子可能并不明白"清洁"是什么意思。家长要自己一边做，一边耐心地给孩子讲解。接着家长和孩子一起做，觉得孩子差不多掌握了，就让孩子自己做，家长在旁边观察和监督。等到他完全上手了，就可以放心地把这项家务交给他了。

当孩子学会了一个新的家务技能，就可以将该技能添加到"家务清单"，请孩子选择啦！随着孩子年龄的增长，他获得的家务技能越来越多，可以为家庭做出的贡献也会越来越多的。

孩子通过家务训练，增长了以前没有的能力，再通过获得肯定，增强了自信。在家里经常做家务的孩子，当他面对一个新的任务时，会更愿意去尝试，因为孩子已经有过很多次成功完成新任务的经验了。

三、肯定孩子的付出和贡献

肯定孩子的方式有很多种，然而我们最不推荐的是直接跟孩子说"你好棒！""你真厉害！""你真是个乖孩子！"这样的方式。这种评价没有建立在"努力"之上，这样的赞美多了容易使孩子麻木或失去动力。我们在这里推荐给家长几种正确的鼓励方式。

描述型鼓励

句式："我看见……（孩子具体的行为）"

例句：我看见你今天吃完饭主动帮忙收拾了桌子，把食物残渣倒掉后用水冲洗了餐盘。然后，又洗了全家的 5 个碗，4 个盘子，3 个锅，还有筷子和勺子。不仅用洗洁精洗了一遍，还用清水冲洗了一遍，放在水池边摆整齐了。

划重点：描述型鼓励方式，可以像一个照相机一样，描述家长看到的所有细节，越详细越好。

感谢型鼓励

句式："我谢谢……（孩子具体的付出和贡献）"

例句：我谢谢你今天除了完成自己家务清单上的工作，还帮助妈妈整理了厨房，因为你的帮助，今天的清洁工作提前了 15 分钟结束。

划重点：感谢型鼓励的方式，是让孩子看到自己的劳动为他人带来的价值，这样孩子会感受到自己为家庭、为他人作出的贡献，会充满价值感。

信任型鼓励

句式："我相信……（孩子的能力）"

例句：我相信你可以和爸爸一起协作完成这辆自行车的维修工作。

划重点：信任型鼓励的方式，是肯定孩子的能力，但不要说出过分高估孩子能力的期待，这样会让孩子有挫败感。

做家务是孩子实现生命价值最简单的开始。

著名的心理学家阿德勒说过："生活的意义在于贡献、合作、对他人感兴趣。"对于孩子来说，不论年龄大小，都是重要的家庭成员，让孩子在家庭中承担家务，是最好的贡献、合作、帮助他人的方式，也是他实现生命价值的开始。

小练习：适合不同年龄段孩子的家务清单

动手列一列适合不同年龄段孩子的家务清单吧。

0～1 岁家务清单	1～3 岁家务清单	3～6 岁家务清单	6～12 岁家务清单

关注公众号"妈妈点赞"，回复"家务清单"，看看其他妈妈们的答案，我们还会分享家务转盘给大家使用。

1.5 孩子爱撒谎，
　　原因竟然出在家长身上

撒谎是孩子成长的必经阶段，家长不要大惊小怪，而是要学会引导。

🙂 轩轩一做坏事就撒谎

家里终于装修好了，爸爸妈妈看着粉刷一新的白墙，感到非常幸福。

一个没注意，墙上居然出现了一大片涂鸦，这不是轩轩干的还有谁！妈妈一阵急火攻心。

妈妈严厉地问轩轩："是你画的吗？"

轩轩摇摇头，说："不是我！是猫咪画的！"

妈妈气得火冒三丈，挽起袖子就要打轩轩。这时，爸爸赶紧拦住妈妈，但是已经把轩轩吓得放声大哭，家里顿时乱成一团。

当孩子做错了事情，父母用命令、批评、指责的口气追究责任时，孩子会毫不犹豫地说不是自己干的。结果往往是两败俱伤：妈妈气，担心孩子以后走上歧途；孩子哭，下次还是照犯不误。

孩子撒谎，这很正常。多伦多大学儿童研究所所长李康博士研究发现，孩子的撒谎能力会随着年龄的增长而增强，孩子会撒谎绝不是人格有缺陷，反而可能是聪明的表现。

李康博士描述了一个很有意思的实验。把孩子们请到房间里，让他们猜测卡片上的数字，如果猜中了，就能得到丰厚的奖励。在游戏中途，大人会借故离开，离开前告诉孩子不要偷看卡片。超过 90% 的孩子会在大人离开房间后马上偷看卡片。

有意思的是，当大人回来并询问这些孩子是否偷看了卡片时，那些偷看了卡片的孩子会承认他们违反了游戏规则吗？实验的数据如下：

30% 的 2 岁孩子撒谎；

50% 的 3 岁孩子撒谎；

80% 的 4 岁孩子撒谎。

研究表明，孩子年龄越大，撒谎的比例就越高。李博士说："家长无需担忧孩子出现撒谎行为，因为几乎所有儿童都会撒谎，这代表他们到达了一个新的成长阶段。这个阶段，认知功能发展越健全的孩子，说谎的技巧就越高明，因为他们有办法圆谎。孩子会说谎表示他们已发展出'执行'能力，能编造出可信度更高的谎言了。"

比如说有一天孩子肚子疼，妈妈请假在家陪他，这天孩子没有上学，玩得很开心。这次经历让孩子忽然明白——原来有些事情是只有自己知道，爸爸妈妈不知道，但会迁就他的。于是，聪明的孩子会举一反三，将这样"撒谎"的经验用在很多地方：

当孩子不想吃青菜时，孩子会捂住肚子，告诉爸爸妈妈他已经吃得很饱了，再也吃不下东西了。

当孩子不想走路时，他会宣称他的脚扭到了，希望爸爸妈妈能抱抱他。

孩子毕竟并没有那么强的道德感，撒谎对他们而言，只是满足自己愿望的一种手段罢了。当孩子撒谎这一天来临时，家长不用惊慌，做好相应的引导，还是可以培养出孩子的诚实品格的。

那么家长到底该如何处理孩子撒谎的问题呢？我们给大家推荐一个"撒谎处理三步法"：ＴＴＨ法则。

Ｔ（Trap）：不给孩子设圈套，诱导孩子说更多谎话

很多家长明明知道事情真相，却假装不知情，试探着盘问孩子，如果孩子说谎就痛揍一顿。之后，孩子不但没有改正，反而会变本加厉地撒谎，因为揭穿谎言会引发孩子的恐惧、愤怒、受伤或者羞耻等感受。如果你发现孩子正在撒谎，不要诱导孩子说更多的谎话。

举个例子。妈妈和天天约定吃饭前不能吃饼干，这天妈妈却看到饼干盒打开了，天天嘴上还有饼干渣。妈妈最好不要故意问："这是谁偷吃了饼干？"而是说："天天，我看你嘴上有饼干渣，还记得我们约定吃饼干的时间吗？"

这样天天就会如实告诉妈妈具体情况，还会一起想办法解决问题，而不是撒谎逃避被责骂。

再例如，妈妈看到天天没有收好玩具，不要明知故问："你玩具收好了吗？"而是说："你玩完的玩具该放到哪里呢？"或者，"你是打算现在收，还是 5 分钟之后收拾？"

T（Time out）：暂停，冷静自己的情绪

关心则乱，乱兵则败，在这场艰难的育儿战争中，冷静的情绪是取得最后胜利的重要法宝。

有的家长一遇到孩子撒谎，就会控制不了自己的情绪，对孩子发火，甚至是大打出手……这时最好的做法是花点儿时间冷静一下。

让自己冷静下来的方法有很多，简单的如数数、深呼吸、听音乐、刷朋友圈；如果还不能缓解，可以考虑离开现场，出去散散步，打电话找朋友倾诉。待家长冷静下来后再和孩子一起讨论"撒谎"的问题，效果会更好。

一个能够觉察和控制自己负面情绪的家长，能带给孩子巨大的安全感。孩子更加容易敞开心扉，向家长倾吐他撒谎的真实原因，也更有可能改正错误。一个能够冷静地和孩子分析、讨论事情的家长，才能够和孩子一起找到更加有效的解决方法。

H（Honoring honesty）：创造尊重诚实的家庭环境

龙生龙，凤生凤，老鼠的孩子会打洞，诚实爸妈老实娃。

很多家长一味要求孩子要诚实，自己却经常说话不算话。要创造一个尊崇诚实的家庭环境，家长首先要以身作则，答应孩子的事情都要做到。否则孩子会认为，爸爸妈妈也撒谎，我也可以撒谎。

如果家长答应孩子，只要孩子连续一周早上自己起床、穿衣服，就给孩子买最喜欢的电动玩具，结果孩子一周表现

良好，当他询问什么时候买玩具时，家长却说："电动玩具有什么好玩的，你都这么大的孩子了，电动玩具不适合你，以后再说吧。"这样孩子很容易会失去对家长的信任。

孩子毛手毛脚，是正常现象，每个孩子都有打破东西不肯承认的经历。如果大人不小心打破了东西，这正是一个言传身教的好机会。在这里，我们看看轩轩的妈妈是怎么引导的？轩轩妈妈帮轩轩打扫房间时，不小心打碎了轩轩最喜欢的生日礼物——漂亮的储钱罐。妈妈吓了一跳，估摸着轩轩肯定要哭闹了，很想说是家里的小狗打翻的。但她还是忍住，真诚地跟轩轩道歉："宝贝，妈妈看得出来你现在很伤心很难过，是因为妈妈不小心打碎了你最心爱的生日礼物，我猜你是希望现在仍拥有完整的、你心爱的生日礼物，接下来我们可以做点儿什么事情能让你的感觉好一些呢？"妈妈这样做示范，如果下次轩轩打碎了什么东西，他也会勇于承认。

> **微案例：轩轩打翻了水杯**
>
> 　　看到轩轩打翻了水杯，妈妈很生气。妈妈应该如何用 TTH 法则处理这件事呢？
>
> 　　T（Trap）：**不给孩子设圈套，不诱导孩子说更多谎话**
>
> 　　妈妈如果看到了是轩轩打翻了水杯，就不要问"这是谁打翻的？"这时妈妈可以说："轩轩，我看到水杯打翻了，水洒到了键盘上，这时你该怎么办？你是拿抹布擦干净还是用纸巾擦干净？"
>
> 　　轩轩马上说："我拿纸巾擦干净。"于是，他拿来纸巾开始擦键盘。

T（Time out）：**暂停，冷静自己的情绪**

这已经是轩轩一天内第三次打翻水杯了！妈妈气得真想揍他一顿，不过忍住了。妈妈回到房间用腹式呼吸法做了 5 个深呼吸，又数了 10 个数，刷了一会儿朋友圈，心中的怒气逐渐平复，这时她再回到书房，问轩轩："我们一起来想办法，以后怎么样可以不再打翻水杯呢？"

当家长将关注点放在解决问题，而不是追究孩子的责任时，孩子更愿意站出来承担责任和寻找解决办法。下面是轩轩自己想到的解决方法。

（1）不把水杯带到书房。

（2）喝完水不要把水杯放在桌子边缘。

H（Honoring honesty）：**尊重诚实的家庭环境**

家长如实告诉孩子，世界上没有完美的小孩，也没有完美的大人。妈妈说："妈妈也有犯错的时候，前几天妈妈就不小心打碎了爸爸的杯子，妈妈主动向爸爸道歉，然后和爸爸一起将杯子碎片清理干净，并给爸爸买了一个新杯子。"

轩轩看到连妈妈都会承认错误，也勇敢地说："妈妈，这次打翻水杯是我不对，跟你道歉，下次我会注意不再打翻了。"

爸爸妈妈不仅不可对孩子的撒谎行为听之任之，还应该区分对待不同年龄段孩子的撒谎行为。8 岁前的孩子撒谎，家长不但不用过于紧张和担心，还要恭喜家长，这是孩子早慧的现象，这跟道德没关系。而且这时正是纠正孩子撒谎行为的黄金期，在正确的引导下孩子会慢慢改掉撒谎这个坏习惯。

如果你家孩子已经 8 岁以上，家长就要重视撒谎是不是变成了孩子的常态，尽可能不要直接追究责任，而是要用尊重平等的态度和孩子谈谈撒谎的原因，然后再用 "TTH 法则" 解决问题。

值得强调的是，如果孩子一直撒谎，可能表示他需要你的帮助，有可能是在学校或家里发生了什么，他不知道应该如何解释或求助，只好撒谎。花时间弄明白他们谎言背后的动机和原因，这很重要。

小练习：孩子偷偷拿了钱怎么办

天天偷偷从妈妈钱包里拿了 100 元现金，妈妈发现少了钱后问天天时，天天说不是他拿的，这时妈妈该怎么用 "TTH 法则" 引导孩子处理这个问题呢？

T：不给孩子设圈套

T：暂停，冷静自己的情绪

H：创造尊重诚实的家庭环境

欢迎关注微信公众号"妈妈点赞"，回复关键词"撒谎"查看更多妈妈的好做法。

1.6 让人难堪的熊孩子，学会礼仪要这样做

不想养个熊孩子？孩子礼貌培养就一定要从小抓。

⊖ 在电影院里大声说话的小女孩

大热电影《公牛历险记》的放映厅内，瑶瑶看得聚精会神，不时抓着妈妈的手大声说话。

"妈妈，妈妈，快看，公牛出来了。"

"妈妈，妈妈，我想喝雪碧，我不要喝可乐，就不要嘛。"

"呜呜呜，你不要吃我的爆米花，你要重新给我买一包。"

每次瑶瑶说话时，周围的人都会投来异样的目光。但是瑶瑶浑然不觉，依然沉浸在自己的世界中，继续大声地说话。有观众善意地提醒："请不要大声说话，会影响到其他人看电影。"说完后瑶瑶会消停一会儿，但是过一会儿又会反复。

电影散场以后，妈妈听到有观众说"呀，那孩子怎么这么熊！"不禁红了脸。

瑶瑶很喜欢去游乐场，尤其喜欢滑滑梯，经常不排队就直接挤到滑梯上。之前在滑梯上的小朋友霸占着滑梯，谁都

不让滑。瑶瑶过去就把小朋友推下滑梯。俩人扭打成一团，哭声一片。这时双方妈妈闻声而来，结果发现两人竟然是前同事，很尴尬地互相道歉。

妈妈带着瑶瑶去朋友家做客，瑶瑶不肯打招呼，还和比自己小的孩子争抢玩具，吃饭时遇到自己喜欢吃的饭菜时就独占一盘。妈妈很生气，也很无语。

一个彬彬有礼的孩子，长大了更容易获得他人的喜爱。而彬彬有礼的养成，需要从小抓起。家长可以用**三字真言"清、示、样"**的方法引导孩子有礼貌。

三字真言"清、示、样"引导孩子有礼貌

清：清晰的语言

我们给领导安排会务时，一定会提前告知他时间、地点、人员、议题；但是给孩子安排活动，却粗暴许多，什么都没讲，就带孩子去到一群陌生人当中，还要求他问好、回答问题、表演节目。**所以，家长带孩子外出时，要用清晰的语言，提前告知孩子会遇到什么人、应该怎么做**。例如：

你见到叔叔阿姨应该怎么打招呼？

看到小主人有一件你喜欢的玩具怎么办？

吃饭时遇到你喜欢吃的饭菜怎么办？

吃饭时被饭菜呛到怎么办？

从此，妈妈带瑶瑶外出或者去朋友家做客之前，都会把安排提前告诉瑶瑶，也会告诉瑶瑶怎样得体应对。最近流感肆虐，瑶瑶有些咳嗽，吃饭时每吃两三口就要咳嗽两声，很影响其他人吃饭。妈妈这样跟瑶瑶说："瑶瑶，咳嗽时请这样做，一转身、二低头、三捂嘴咳嗽，如果来不及，就直接低头捂嘴咳嗽。"

瑶瑶照做了，非常大方得体。**日常教养，就是从这样的"技术指导"中一点一滴培养起来的。**

示：正确的示范

家长要掌握正确规范的礼仪，才能不做出错误的示范。天天妈妈专门读了很多儿童礼仪书，自己去上了形体课，又带天天去上过系统的礼仪课，全家人都非常注重日常生活中的各种礼仪。

参考《纪亚飞教孩子学礼仪》第一章公共场合礼仪的部分内容。

（1）使用礼貌用语：请、您好、谢谢、对不起、不客气。

（2）和别人约定的时间，按时赴约，不迟到。

（3）出门乘电梯时靠右站立，左边留给其他急行的人。

（4）去别人家、拜访客户等，在关着的门前要敲门。

（5）到别人家做客时，先换鞋子，主人邀请坐下时再坐。

（6）不蓬头垢面出门，也不穿睡衣、拖鞋出门。

样：榜样的力量

孩子是父母的倒影。

父母经常相互大喊大叫，孩子在公众场合也会大声喧哗。父母一边呵斥孩子看书写作业，一边自己看电视看 iPad 不亦乐乎，孩子也只会抓紧一切机会耍赖玩 iPad。父母不注重仪容仪表，孩子在外面肯定也是邋邋遢遢。

礼仪不只是知道，还要做到。

家长想让孩子成为什么样的人，首先自己要成为那样的人，给孩子做榜样。天天的爸爸妈妈在吃饭、看电视、写文章时，都很注重自己的坐姿——抬头挺胸，只坐 1/3 的凳子，不跷二郎腿。天天每天看着，自己也有模有样地在书桌旁端端正正地坐着看书。天天妈妈在电梯里遇到邻居，不管认识不认识，都会微笑问"你好"，主动按住电梯让别人先进先出。天天也习惯了见到人就问好，是整栋楼都认识的"礼貌小天使"。

如果家长在家吃饭和工作时端坐，孩子写作业时家长在旁边看书（而不是看电视或看 iPad），家长带孩子出门遇到熟人主动打招呼，旅游路上产生的垃圾装进随时自备的垃圾袋中，尊重服务员、环卫工人……孩子自然而然会模仿家长的言谈举止，慢慢成为一个落落大方的人。

> **小练习：带孩子文明看电影**
>
> 家长带孩子外出看电影，又担心孩子会中途喧哗，影响到他人。出发前，妈妈跟孩子说："我们待会儿去电影院，有几个注意事项。电影院是公共场所，不能大声喧哗，如果有话要和爸爸妈妈讲，请悄悄地对着爸爸妈妈的耳朵说，不要影响到其他人。电影院里人很多，你不能到处乱跑，要在爸爸妈妈的视线范围内。还有，等候时要自觉排

队，不能插队。你能做到吗？"（**清晰具体的语言**）

　　家长给孩子示范怎么在公众场合说悄悄话，并邀请孩子一起进行情景演练，或者在公共场所引导孩子体验。（**示范的作用**）

　　家长在公共场所要求孩子做到的，自己先做到。电影院人再多，家长也不插队，拉着孩子的手耐心地排队等候。看电影时候如果要说话，就悄悄在孩子耳边说。（**榜样的力量**）

小练习：让孩子学会主动打招呼

你来试试，如何用上述方法让孩子学会主动打招呼。

清晰具体的语言

示范的作用

榜样的力量

1.7 拿什么打败手机游戏？ 是你高质量的陪伴

毁掉孩子的其实不是游戏，而是生活中，孩子感觉不到父母正确的关爱。

⊖ 孩子沉迷网络游戏

手机游戏《王者荣耀》的注册用户超过 2 亿，其中，中小学生玩家约有 3600 万！现在，不少中年人知道这款游戏，不是因为自己玩，而是因为自己的孩子在玩。最初，家长觉得孩子只是偶尔玩玩，并没有太在意，后来发现孩子每天晚上都玩，还经常开着语音，一边聊天一边玩。爸爸妈妈着急了，也试着玩一下，了解下为什么孩子沉迷，结果自己也沉迷上了。

天天的爸爸妈妈也遇到了同样的烦恼。天天日夜都捧着手机，逮住所有机会玩游戏，妈妈叫他吃饭他听不见，爸爸斥责他他也听不进。

孩子在成长过程中，由于其自控力还未完全建立，因此很容易被游戏吸引。

有两类孩子最容易玩游戏上瘾，一类是被溺爱的孩子，另一类则是被忽视的孩子。

溺爱是指家长不加判断满足其所有的要求，这个很好理解。可是很多家长忽视了孩子的内在需求却不自知！什么是孩子的内在需求？是被认可，被肯定，被关注。而家长们只盯住孩子的行为，比如：

"作业写完了吗？"

"有没有交到坏朋友？"

"学习努力吗？"

孩子没有得到认可、肯定和关注，就更容易去游戏中寻求从家庭当中没有获得的归属感和价值感。

你的孩子沉迷手机游戏要怪谁

家长可以根据以下清单自检，了解孩子沉迷手机游戏的原因，以及它们和自己的关系。

家长自检清单	是√	否×
• 小时候孩子哭闹时，用手机满足孩子		
• 平时不管孩子，一有问题就打、骂、吼，不管孩子感受		
• 陪伴孩子的时间每天少于 1 小时		
• 不限制孩子玩游戏的时间		
• 没有跟孩子约定玩游戏的规则，并执行到底		
• 一周家庭户外活动少于 1 次		
• 关心作业成绩更甚于关心孩子的心理状态		
• 叫不出孩子朋友的名字		
• 简单粗暴地打断孩子玩游戏		
• 自己在孩子面前长时间玩手机		

以上问题如果有 5 个以上的回答为"是"，则说明孩子沉迷手机游戏的主要原因在于家长，家长需要先从改变自身开始。

三招教你避免孩子沉迷手机游戏

分享经历，感同身受很重要

家长发现孩子沉迷游戏，直接禁止并没有太好的效果，因为孩子有可能将玩游戏转为"地下"活动，家长更难发现和监管。其实，家长可以跟孩子分享自己小时候的相同感受或类似经历。

天天爸爸发现孩子沉迷游戏的时候，并没有直接责骂他，而是跟天天说："小时候，爸爸特别迷恋打电子游戏，那个时候不像现在这么方便，我们必须到电子游戏厅去打。没有钱，我就偷偷拿家里的钱去打。有一次放学我没回家，直接跟同学去游戏厅了，结果我的爸爸找了一个小时，给我所有的同学家里打了电话，最终还是在游戏厅发现了我，他当着我所有同学的面，打了我一顿！"

天天没有想到，原来爸爸小时候也有过类似的经历啊，他感受到跟爸爸从未有过的亲近感：原来我现在迷恋游戏的行为并不是十恶不赦的，爸爸小时候也有过呢。

如果家长没有童年打游戏的经历，还可以亲自玩一下孩子热衷的游戏，体会一下其中的乐趣，把对战的快感分享给孩子。不用担心，跟孩子分享这些不会降低自己的权威，也不会让孩子找到打游戏的借口。相反，这样会让孩子更容易跟家长心贴心，觉得被理解了，这是进一步沟通的基础。

一起约定，让游戏成为生活的开胃小菜

正面管教的创始人简·尼尔森说过："认可、接受孩子的情绪，和骄纵并不同。你明白孩子希望无节制地看电视，不代表你会让孩子这样做。"

爸爸问："天天，你希望每天玩多长时间的游戏呢？"

天天说："我希望每天玩 3 个小时！"

爸爸说："爸爸正打算每天都给你讲一段《一千零一夜》，或者带你去打篮球呢！如果你每天玩 3 个小时游戏，就没有时间听爸爸讲故事了，也没办法一起去打球了，你确定吗？"

天天想了想，说："不，那我只玩 1 个小时吧！那爸爸每天要陪我讲故事和打篮球！"

爸爸说："好，但是打游戏太久会伤眼睛，不如把打游戏的时间分成两段，这两个时间段，你可以选择打游戏，也可以选择跟爸爸一起看书或者打篮球。"

天天说："好，来拉钩！"

天天以前逮住机会就玩游戏，一天算下来可能不止 3 个小时。但是跟爸爸约定了以后，他果然可以做到，一次只玩半小时，半小时一到就放下手机做眼保健操。以前天天在和爸爸的手机争夺战中获得了不少乐趣，现在发现跟爸爸去运动，出身大汗更有意思。

现代社会，让孩子不接触游戏是不可能的。如果能制订规则，把玩游戏变成孩子成长过程中的开胃小菜，游戏是能够创造很多乐趣的。孩子沉迷游戏的根本原因是家长的陪伴不够，如果家长能够放下手机，孩子天然地就更愿意和父母玩"三次元"的游戏。

发现宝藏，激发孩子在玩中学

传统文化往往将"玩"和"学"对立起来，认为玩就是不务正业，学就必须"吃得苦中苦，方为人上人"。事实上，我们做家长培训这么多年，发现最适合的学习方式就是在玩中学。

对孩子来说，游戏是非常重要的一个学习途径。首先，游戏拥有视觉、听觉、感觉的全感官刺激；其次，游戏总是充满接二连三的挑战；再者，游戏不断给予正面的反馈，每完成一个小任务就可以得到即时的鼓励；最后，很多游戏是团队作战，让孩子们形成一个战队，共同合作，完成挑战，非常容易获得团队合作的成就感。

如果家长能够研究游戏设计者的设计思路，发现游戏强大的学习功能，那么游戏和学习将不再对立。家长可以将学习化作游戏，比如不认为只有看书才是学习，学习可以是全方位的视觉、听觉、嗅觉体验。家长可以将学习内容拆分成一个阶段一个阶段的小任务，每完成一个任务，孩子就可以获得类似游戏勋章一样的正向鼓励。又比如，组织小区里年龄相仿的孩子组团完成目标，培养孩子的团队合作能力。

家长还可以通过孩子喜欢的游戏，敏锐地发现孩子的兴趣，就地取材给孩子拓宽知识面。比如一些游戏人物使用了历史人物的名字，家长可以引导孩子去查询他们的真实生平，孩子一定会兴致盎然。

1.8 三招出手，让孩子学会独立思考

不要用爱摧毁了孩子的独立思考能力。孩子之所以能够成长，往往不是因为他每次都成功，而是因为他从失败中修正了方法。

🙂 饭来张口衣来伸手的"无脑族"

小可已经 9 岁了，但是还跟 9 个月的婴儿一样，没主见、不自信，遇

到事情从来不思考，都是让家长给解决。吃饭时她打翻了汤碗，沾湿了衣服和鞋子，她竟然坐在凳子上开始大叫："爸爸妈妈，我该怎么办？"

妈妈说："赶紧去换衣服呀！"

小可说："我不知道衣服和鞋子在哪里。"

在外面和同学玩，小可也没有自己的主见，全听同学的安排。就像玩过家家的游戏，她明明特想当小卖店的老板，可同学只要强硬一点儿，说你要是不扮演店员就不带你玩了，她就马上乖乖地同意当店员。

小可妈妈喜欢帮小可把一切事物都安排得妥帖周到，从来就没有想过什么是需要孩子自己去考虑、去想办法、去解决的。当小可遇上困难时，小可妈妈的态度是能直接解决的就解决。就连考试没考好，小可妈妈都是先自行研读了很多学习方法论，然后指挥小可按她研究的方法学。

小可妈妈很爱小可，但她的爱其实是在渐渐摧毁孩子独立思考的能力。

在生活中，父母的立场多、表态多、结论多，孩子几乎没有思考的空间。如果孩子没有独立思考的能力，所想所做的全是父母告诉他的，那他将会失去自我，成为一个没有主见的人。

从做家务开始，做家庭的小主人翁

很多父母认为孩子的主要任务就是好好学习，其他的事情包括家务活什么都不要管。其实，家务劳动对孩子的动作技能、认知能力的发展以及责任感的培养起着至关重要的作用。不让孩子做家务，家长就限制了孩子动手的能力、思考的能力，剥夺了孩子尝试、锻炼和反思的机会。

小米妈妈就擅长用正向引导的方式，让小米自愿、愉快地参与做家务。

妈妈问小米："如果想让家里干净、整洁，有个舒适的环境，全家需要做什么？"

小米说："收拾凌乱的东西，打扫卫生。"

全家人一起头脑风暴列出家务清单，然后逐一征求全家人意见："你们想认领哪项家务活呢，为什么？"小米思考后，积极主动地认领了多项家务：扔垃圾、整理书桌、周六刷碗，也说出了认领的理由。

孩子自行认领家务后会更有责任感和存在感，也更愿意把认领的事情做好。虽然第一天扔垃圾时出了小插曲，小米不小心把垃圾袋划烂，掉了一些垃圾，但是经过妈妈的引导，小米很快想到了处理地上垃圾的好方法，在下一次扔垃圾时小米吸取了第一次的经验教训，顺利地把家里所有的垃圾扔到楼下的大垃圾桶里。

孩子做事有了成就感，下次就更愿意配合家长做事。

不要事事直接给答案，多引导提问

对于生活、学习中遇到的问题，如果家长不仅"给出答案"，还能"引导提问"的话，就能帮助孩子培养独立思考的能力。

"小米，如果你不想有蛀牙，每天早晚你该做什么？"小米思考之后会说："刷牙。"

"小米，今天外面刮风又下雨，如果不想让自己受凉你

55

该怎么办？"小米沉思一下说："穿厚外套。"

"小米，放学后如果想有更多的时间玩耍，你该怎么安排你的时间？"小米说："那我就要抓紧时间把作业做完，这样才有更多时间玩。"

独立思考的能力不是天生的，而是后天习得的。苏格拉底以"启发式提问"闻名天下，父母也可以有意识地用"启发式提问"来培养孩子独立思考的能力。

孩子遇到困难，父母要说你先想想看

当孩子遇到困难时，家长不要立刻帮助，而是说："你先想想看，有什么解决办法？"

小米对数学应用题中的图形旋转和平移理解不透，遇到不会的题目就喊妈妈来帮忙，妈妈说："先别着急，你再尝试读两遍题目，看看又得到了哪些有效信息？"

孩子读完还是没明白题目的意思，妈妈又说："尝试在纸上画画题目的内容。"小米按妈妈的方式画好后，立即得出了答案。

妈妈鼓励小米说："你自己尝试、思考之后，找到了问题的正确答案。"这时小米的脸上露出了自信的笑容。

第 2 章

发现你家的小天才

每个孩子都有自己的天赋，
关键是父母要学会去发现。

2.1 请发现孩子的兴趣和优势

只看孩子的成绩，可能会错过你家的小天才。

☺ 天才也学渣

你知道吗？大名鼎鼎的科学家霍金，小时候居然是个"学渣"！

他在班里的成绩从来没有进过前 10 名，作业总是"很不整洁"，经常把东西拆散又装不回去，老师们觉得他"无可救药"，班上两个男孩子用一袋糖果打赌，说霍金永远不能成才。

他的父母并没有因此而责怪他，父亲看到霍金从小对万事万物如何运行非常感兴趣，就亲自担任起他的数学和物理学的"教练"。后来，霍金成了享有国际盛誉的伟大的物理学家。

真正的赢在起跑线，不是赢在同一条起跑线，而是赢在选对起跑线。

越来越多的人意识到，小时候的学习成绩并不能决定一个人的未来发展，"小时了了，大未必佳"，反之亦然。小时候的学习成绩评价标准比较单一，大家都要学习相同的学科、做相同的卷子。但是，到了社会上，大家却是从事不同的职业，走上不同的人生道路。如果父母能早点儿发现孩子的兴趣与优势，并提供足够的支持和帮助，就可以让孩子从小找到自己既感兴趣又有优势的"赛道"，这才是真正的"赢在起跑线上"。

微案例：爸爸，我喜欢画画……

在爸爸妈妈推荐的几个课余兴趣班中，小米毫不犹豫地选择了绘画。小米不仅能很快完成老师布置的画画作业，还把画画当成了一种放松的方式。比如，每当她做作业累了，她就会在草稿纸上随意勾勒出一幅简笔画或者卡通漫画，让自己放松。

小米送给好朋友自己创作的生日贺卡，精美的画面、绚丽的色彩加上漂亮的文字，让好朋友爱不释手，直呼："小米，你送的贺卡太好看了，是我收到过的最漂亮的贺卡！"

小米的手绘贺卡

在学校，她负责班级黑板报的设计，为班级赢得过全校"黑板报设计比赛"的第一名。小米常常告诉父母和老师，自己的梦想是当一名时装设计师。

小时候的小米对绘画就表现出了特别的"偏好"，所以小米父母对小米的绘画偏好特别重视，给予了强化培养，帮小米制订提高绘画水平的目标与计划。现在的小米，在绘画上已经小有成就，拿到了全国绘画金奖，她现在的梦想就是将来要写一本配上自己绘画作品的书。

一张表帮你发现孩子的天赋点

　　家长要想发现孩子在哪一方面更有天赋，可以用"兴趣—优势"对照表来观察。运用"兴趣—优势"对照表，父母可以判断孩子在音乐、绘画、演讲、财商、运动等方面是否有天赋。父母可以进行 1 ~ 10 打分，10 分是有兴趣、有优势的最高级别；1 分表示基本没有兴趣和优势；7 分以上就可以说明非常有兴趣、有优势；4 分以下就说明优势和兴趣度一般。

"兴趣—优势"对照表

表现	更可能是兴趣	更可能是优势
音乐	• 乐意参加音乐活动 • 学习音乐，不觉得枯燥，非常享受 • 自己会主动花时间去欣赏和学习音乐 • 经常向父母、同学和老师表达自己对音乐的喜爱	• 很擅长识谱 • 歌谱记忆能力比较强 • 在学习乐器，比如钢琴的过程中，手脑并用，速度很快 • 敢于尝试创作音乐 • 对自己的音乐水平很自信
打分		
绘画	• 很愿意去看画展，能够静下心来欣赏和画画 • 不觉得画画是一件辛苦的事情 • 喜欢看绘画方面的书	• 对于色彩有较好的敏锐度 • 对于画面有较好的构图能力 • 对自己的绘画水平自信 • 有较高的审美能力
打分		
演讲	• 喜欢在人群中表现自己 • 乐意进行公众演讲 • 喜欢观看名人演讲方面的书和视频	• 口头表达能力强 • 声音洪亮，表情丰富 • 记忆力比较好 • 有条理，思路清晰
打分		

续表

表现	更可能是兴趣	更可能是优势
财商	• 对钱、股票、基金、投资等信息特别关注 • 喜欢看有关钱财方面的书和电视	• 计算能力很好，对数字敏感 • 善于分析钱的使用方法 • 对同一产品的价格差异敏感
打分		
运动	• 很喜欢户外运动 • 喜欢各种球类运动 • 喜欢看体育类的节目 • 经常给自己安排运动计划	• 身体素质好，体力充沛 • 比较灵活，柔韧性佳 • 经常在运动比赛中获奖 • 运动时，有耐力，能坚持
打分		

我们从上表可以看出兴趣和优势是有区别的。兴趣是孩子喜欢做的事情，而优势是孩子擅长做的事情。参照这张表，父母可以发现孩子无外乎有以下4种情况。

有兴趣又有优势

如果孩子对某件事情既有兴趣又有优势，父母一定要重点培养。

比如小米对画画很有兴趣，主动和爸爸说想学画画，每次画画的时候，她都很投入。而且老师经常夸奖小米，说："教小米画画时，她的悟性很高，一点就透，而且对色彩的运用也比较有新意。"这些信息就说明小米在画画方面很有优势，建议父母花时间重点培养小米的画画技能。

无兴趣有优势

如果孩子对某项事情有优势却没有兴趣，父母可以尝试引导孩子，使其慢慢产生兴趣。

如果孩子对此项事物逐步产生兴趣，父母可以建议孩子花时间培养。如果孩子对此依然没有兴趣，父母就不要勉强孩子了。

为了锻炼轩轩的身体素质，提高他的抵抗力，爸爸经常带轩轩去游泳馆游泳。轩轩刚开始并不是很喜欢，每次都很勉强地同意和爸爸去。去了十多次以后，教练发现轩轩的耐力、泳姿及身体协调能力都很有优势，经常表扬轩轩："轩轩是我目前辅导的 30 多个孩子里学得最好最快的"。时间一长，不用爸爸建议，轩轩就主动要求去游泳。经过一年的刻苦训练，轩轩已经掌握了 4 种泳姿，而且还代表学校去参加了全市的游泳比赛。

有兴趣无优势

如果孩子对某件事情有兴趣但没有较大的优势，父母可以让孩子参与其感兴趣的项目，但不要对孩子的期望值过高。

如果孩子通过刻意练习，变得比较有优势，父母可以和孩子沟通是否需要重点培养。

瑶瑶很喜欢下国际象棋，经常邀请爸爸和她一起下棋："爸爸，快来和我一起下棋吧！"爸爸也经常花时间陪瑶瑶下棋。爸爸对瑶瑶提出建议："爸爸看你这么喜欢国际象棋，要不要找个专业的老师辅导你？"瑶瑶同意了。每周六，爸爸就带瑶瑶去少年宫学 2 小时的国际象棋，经过一段时间的学习，瑶瑶的优势表现得并不突出，而且也不愿意花太多的时间练习。这说明瑶瑶在国际象棋方面的优势不明显，建议父母对孩子的期望值不要太高，多参与即可。

无兴趣无优势

如果孩子对某项事情既没有优势又没有兴趣，那不多说，父母就不用在上面浪费时间了。

培养孩子天赋的几个小技巧

家长学会吊胃口，激发孩子的好奇心

人对太容易得到的东西就会不珍惜。如果兴趣班不是硬塞给孩子的东西，而是一个要努力才能得到的东西，孩子的心就会痒痒，就会越发想要去参加。

有一位小提琴老师，把很多普通的孩子培养成热爱小提琴的高手。他的秘诀就是：刚开始不让孩子碰小提琴，只是把非常优美的曲目演奏给孩子听；等孩子对小提琴产生浓厚的兴趣以后，才让孩子摸一会儿小提琴；等把孩子对小提琴的"胃口"吊足了，孩子主动提出来自己想学，这位小提琴老师才开始循序渐进地教孩子。这种"饥饿兴趣法"让孩子对小提琴非常痴迷，学习效果特别突出。

小小成就感，巨大驱动力

人都喜欢反复做自己擅长做的事情，以强化成就感带来的愉悦。威威从小就对篮球特别感兴趣，希望成为篮球场上耀眼的明星。父亲最初训练威威时，做了一个很大的篮球筐，高度就在威威的肩部位置，篮球很小，只要威威把球放入篮框里，父亲就鼓掌祝贺，威威很开心，越来越喜欢打篮球，技能提高得越来越快，后来加入了学校篮球队。

有自信的孩子能更好发展非优势项目

很多父母还会有这样的困惑，如果只重视孩子的兴趣与优势的培养，孩子的其他非优势项目没有得到重视和发展，

会不会影响孩子的整体发展呢？

轩轩很有音乐天赋，但对绘画的兴趣一般，也没有参加过课外的绘画班。轩轩因为在音乐上有比较优秀的表现，培养了良好的自信心，在面对非优势项目"绘画"时，他并不会感到不自信，而是会尽可能地把绘画作业完成好。轩轩在学校的绘画表现虽然不突出，但也完成得不错。

父母对孩子非优势项目的期望和要求不能像优势项目那么高，可以多给孩子一些时间去完善和提高非优势项目。当然，父母还需要清醒地意识到，无论是优势项目还是非优势项目，对于孩子来说并不总是一成不变的，这需要父母用发展的眼光去看待孩子的兴趣与优势，帮助孩子发现自己更多的潜能与优势，培养自信，不断成长。

> **微案例：如何让孩子愿意学书法**
>
> 小可6岁时，爸妈希望她写得一手好字，想带她去学软笔书法。可是她不乐意，任凭父母怎么教训都不学，怎么办？
>
> 如果小可的父母用如下方式引导会怎么样呢？
>
> 爸爸对小可说："爷爷奶奶希望过年时由你给他们写春联。"孩子会觉得有成就感和价值感。（激发兴趣）
>
> "今天你帮爸爸写条幅，我们用剪刀石头布来决定谁来写接下来的字。"这一下激起小可写书法的兴趣，于是开始玩剪刀石头布的游戏，很快写好了条幅。（趣味游戏）
>
> 爸爸天天晚上写5个毛笔字，带动孩子也写，孩子的书房里放着写毛笔字的纸和笔，孩子想写就写。（制造氛围）

2.2 家有琴童，不肯练琴怎么办

忘记了初心，我们和孩子就陷入了战争。

半途而废的琴童之路

有一位烦恼不已的家长见人就诉苦："孩子从 5 岁开始学钢琴，今年 10 岁。我们一家人就一直跟孩子斗智斗勇了 5 年，从最初的精神鼓励到物质利诱，再到现在的责骂逼迫……孩子变得越来越不爱练习钢琴，亲子关系也变得越来越紧张。现在孩子钢琴已经考试过了六级，放弃又觉得可惜，可是不放弃家里又鸡飞狗跳，该怎么办呀？"

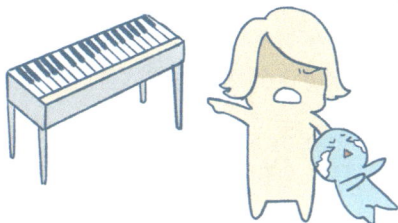

该继续还是放弃？对于大部分父母来说，这真是骑虎难下，难以选择，该怎么办呢？中国有 3000 万琴童，这个"鸡肋"困局，发生在 80% 以上的家庭。

对家长而言，我们要思考一个问题：**学琴，是为了考级，还是为了享受音乐？**

小可从 5 岁起开始拜名师学钢琴，钢琴老师评价小可很有音乐天赋。小可非常努力地学琴，通过多年的坚持不懈，闯关升级，在 12 岁那一年，终于考过了钢琴十级。小可感到很开心，周末终于可以和小伙伴们相约去逛街，不再需要在琴行里默默地练指法了！

小可妈妈松了一口气，整整 7 年的时间，妈妈每天都很辛苦地陪着小可练琴，弹错的时候，就用小藤条打手。错第一次打一下，错第二次打两下。每天不完成练习量就不可以吃饭，每个周末都奔波在学琴的路上。终于，解放了！

遗憾的是，从那以后，小可好像很少再主动打开钢琴弹琴了，家里长期萦绕的叮咚琴声好像一去不复返了。

Sharlene 5 岁开始学钢琴，7 岁时钢琴老师就说她没有学音乐的天赋，让孩子继续学琴不只浪费老师的时间，也浪费父母的钱。可是，父母看 Sharlene 弹钢琴很快乐，觉得喜爱音乐比熟练掌握音乐技巧更重要，就帮她继续找其他老师学钢琴。

Sharlene 非常感谢父母的决定，虽然她不是音乐神童，也没有大师级的演奏技巧，但她对于钢琴的弹奏和音乐的喜爱不曾间断过，后来她获得了大学的艺术学士学位，写了一本书——《学音乐孩子更聪明》，音乐深深地影响了她的生活。

为了考级而学琴的小可学了 7 年后很少再碰钢琴，只为了享受音乐的 Sharlene 一直坚持学习钢琴。对于小可，钢琴是负担，对于 Sharlene，钢琴是愉悦。在中国几千万学琴的孩子中，真正有天赋、能接受正规的培养以及经历刻苦的练习，最终成为像郎朗、李云迪一样的钢琴家的孩子，可以说是凤毛麟角。但是，如果使用正确的心理引导方法，绝大多数的孩子都可以从音乐中感受到快乐。

孩子学琴的三个误区，你有吗

误区一：一定要成为大钢琴家

学钢琴是一种艺术教育，目的是培养艺术情操和人格品位。钢琴有 88 个键，音域宽广，可以表达各种各样的情绪和感受。研究表明，弹钢琴需要调动人体各个器官，有利于开发儿童的智力。学习钢琴，还能系统地学习乐理，提升整个人的气质和乐感。即使最后不能成为钢琴家，学钢琴的过程也能给人生开启一道通往美的大门。

现实来讲，琴童成为钢琴家的比例非常小，哪怕有 10000 个琴童，可能都出现不了 1 个郎朗。钢琴家刘诗昆曾幽默地讲："如果有 100 个钢琴家，那钢琴家就不值钱了。他们老开音乐会，那票还卖得出去吗？"所以家长最好破除孩子成为大钢琴家的执念，为孩子创造最好的条件，但是降低心中的期望值。

误区二：天赋不够不适合学钢琴

有些家长会觉得，自己的孩子天生笨拙，手指不灵活，不适合学钢琴。但适不适合学，取决于孩子的兴趣，而不只是天赋。

韩国有一位"四指钢琴家"名叫李喜芽，双手加起来只有四根手指。她从 6 岁起，每天坚持练习钢琴 10 个小时，15 年来坚持不懈，最终成为韩国家喻户晓的励志钢琴家。如果孩子天赋平平，但是对钢琴表现出极高的兴趣，并且愿意付出大量的时间和精力去琢磨，那么是可以考虑让他学钢琴的。

误区三：学琴一定要考级

艺术教育不应该变成"应试教育"，但很多家长看到美妙的音符能"兑换"成证书上的"数字"（四级、八级、十级），就会以考级作为孩子学琴的目标。很多老师为了迎合家长的这种需求，就只教考试规定的曲目，不教其他的内容。孩子平时在学校已经每天要面对考试成绩的压力，周末学个兴趣班还要面对考级压力，就很容易厌学了。

瑶瑶考过钢琴六级以后，对学琴越来越没有兴趣，每次上钢琴课都心不在焉、无精打采。父母和瑶瑶深入沟通过几次，同意瑶瑶暂时不再为参加考级而学琴。没有钢琴考级压力的瑶瑶把弹钢琴当作放松的方式，每周至少练习3次钢琴，上钢琴课反而积极起来。

所以，是否考级首先要考虑孩子的兴趣，考级不是学琴的目标，更不一定要每年都参加。另外，平时弹琴很难完整且流畅演奏乐曲的孩子是不适合参加考级的，要根据每个孩子不同的特点制订适合他们的学习计划。

帮孩子坚持练琴的三个方法

大家也许会发现，学钢琴的孩子特别有气质，举手投足都有艺术家的"派头"，让人觉得这是一位有教养、有品位的人。哪怕只有千万分之一的人能成为像郎朗一样的钢琴家，钢琴在其余的人身上也留下了深深的印记。钢琴带给他们的节奏感、感知度以及发现美的眼睛，能够使他们更好地创造出属于自己的生活。

要学会把家变成培养兴趣的土壤

很多父母自己不懂音乐，没有听音乐、参加音乐会的习惯，却抓着孩子像赶鸭子一样每周去上钢琴课。心里还自我陶醉：我为孩子付出了好多！殊不知，**乐感的培养不是从钢琴课开始的，是从家里开始的。兴趣不是老师强行挖掘出来的，而是家长潜移默化滋养出来的。**

平时在家，父母可以多放一些优美的音乐，比如莫扎特、李斯特、贝多芬等古典大家的音乐。音符之美穿越时空而来，震颤着孩子的心灵和感官。孩子对这些经典乐曲熟悉了，以后学习的时候更容易找到音准和节奏，也更容易爱上钢琴。

音乐教育家卡巴列夫斯基认为，音乐教育的首要问题在于"怎样使孩子们对音乐产生兴趣"。与其每天"逼迫"孩子坐在钢琴边练习，不如多带孩子听音乐会。一个好的音乐厅，一场好的现场音乐会，音乐的扑面而来感，会让灵魂颤抖。家长可以低声告诉孩子："如果有一天你弹得足够好，也可以到舞台上去，去感动千万个人。"

和孩子一起约定合理的学琴目标

父母可以帮助孩子找到比较合适的钢琴启蒙老师，如果孩子能够喜欢和接受启蒙老师的教学方法，就比较容易坚持下去。

在和孩子沟通学琴的过程中，父母与老师要特别注意找到适合孩子学琴的方法，要征求孩子的意见，和孩子一起制订学琴目标，还可以用目标管理的量化方法。

案例	量化方法	错误的想法	正确的想法
10 岁的轩轩学钢琴4 年，老师建议他可以尝试考钢琴六级	目标明确	今年要参加钢琴考级	参加并通过今年六级钢琴考试
	可衡量	每天我要多练习弹钢琴	平时我每天至少弹 1 小时，周末至少 3 小时
	可实现	我想明年考过十级	今年我要努力考过六级
	有时间限制	我经常练习弹钢琴，考过就可以	我要参加今年 X 月 X 日的钢琴考级，计划在 X 月 X 日前完成老师的练琴要求

三分鼓励加一分提醒让孩子动力更足

常常听到有的父母说："你看人家隔壁的谁谁，练得比你好多了。"比较是大忌，容易让孩子有压力，产生逆反的情绪。孩子学琴，不一定要走专业路子，更多的是为了培养音乐素养，我们可以让孩子多与自己的过去比较，有进步，孩子才会有动力继续学习。

在孩子学琴的过程中，鼓励与提醒的比例建议在 3 ∶ 1 左右，这样才会让孩子觉得有人欣赏自己，自己很适合学琴，才会有动力坚持下去。与孩子交流时，父母可以运用"描述型鼓励"和"提醒"的方法对孩子这样说：

"这首曲子你弹得比上次流畅了很多。"

"你弹的这首《致爱丽斯》，节奏掌握得很好，曲谱也记得很牢。"

"钢琴老师说你学琴速度很快，有天赋，祝贺哦！"

"前半部分弹得很娴熟，后半部分也许是练习得少，可以多练几遍，会越来越好的，继续加油吧！"

　　用三分鼓励加一分批评的方式，能够使孩子在学琴过程中，既建立起足够的自信，又找到进步的空间。

　　最后，父母要做好心理准备，大多数的孩子学钢琴达到一定程度，就很难再提高了，就像体育运动时到达"极限"一样，无法跨越。这时，父母可以考虑拓宽音乐曲目和音乐文化的学习，孩子的学琴之路就会变得更加快乐和有意义。

【小工具】我的学琴小目标

目前情况	量化方法	我的小·目标
＿＿＿＿同学，今年＿＿＿＿岁，目前钢琴水平＿＿＿＿	目标明确	考级：参加并通过＿＿＿＿年＿＿＿＿级钢琴考试 不考级：学会弹奏＿＿＿＿首自己喜欢的曲子
	可衡量	平时我至少弹＿＿＿＿小时，周末至少＿＿＿＿小时
	可实现	我现在距离小目标实现的差距是： ＿＿＿＿＿＿＿＿＿＿＿＿＿＿＿＿＿＿＿
	有时间限制	考级：考级大赛是＿＿＿＿年＿＿＿＿月＿＿＿＿日举办 不考级：要在＿＿＿＿年＿＿＿＿月＿＿＿＿日学完这些曲子

　　关注微信公众号"妈妈点赞"，回复"目标清单"，可以下载目标清单的 Word 参考示例文件。

2.3 拿到全国绘画金奖，全靠和孩子的五个约定

不能让孩子输在起跑线上，但是，几乎没人知道起跑线在哪，只知道跟着别人家孩子跑。大家都在拼命跑，都累。

🔘 兴趣班是行走的碎钞机，往往还没有收成

周六早上 6:30，闹钟一响，瑶瑶妈妈就开始忙了：叫醒瑶瑶，让她开始读英语单词，做个爱心早餐，录个瑶瑶读英语的小视频发到英语班的群。

上午学英语，下午学跆拳道，晚上学钢琴，更不要说，还有每周一、周三的书法班，每周二、周四的绘画班……妈妈不得不做了一个排得满满的"瑶瑶时间安排表"，比妈妈自己的工作日程表排得还满。

公司年会，瑶瑶妈妈想着带她去锻炼一下，她死活不肯上台，扒着桌脚埋着头，说不动就是不动。春节临近，朋友圈里有妈妈在晒："今年用我家小王子写的春联，瞧，写得还像模像样吧！"妈妈心痒痒着让瑶瑶也写一个，瑶瑶写得歪歪扭扭的，再让她往下写时，她索性扔下笔跑了。

绘画班上，老师说，一年一度的全国青少年绘画比赛又开始了，瑶瑶画了两幅，妈妈都不满意，眼看交稿日期快到了，只好凑合着交了一幅。宣布获奖名单时，瑶瑶一个奖没得，倒是班上的小米同学，一口气中了两个奖：一个金奖，一个银奖。

瑶瑶妈妈十分羡慕，趁着送瑶瑶上绘画班，拉着小米妈妈吐槽和请教："你家小米怎么这么厉害！跟瑶瑶一起开始学画画，进步却老神速了，快教教我！"

小米妈妈认真想了想，说：“应该就是靠和小米的五个约定吧！”

约定一：孩子，你为自己的兴趣选择

小米报的培训班也有好几个，但是全部都是自己选的。绘画是她的最爱，不用妈妈苦口婆心地每天督促，她自己给自己制订计划，每天做完作业都会自觉画上一会儿，有时入迷得连饭都忘了吃。

现在的兴趣班遍地开花，家长哪个都想选，哪个都不想放弃。小米妈妈原来也挑花了眼，音乐可以提高智力！机器人可以培养逻辑思维！英语是世界的通行证！芭蕾可以提升气质！

怕选错了，耽误了自家的天才；

怕选少了，落后于别家的孩子；

怕选早了，压抑了孩子的童真；

怕选晚了，错过了启蒙的机会！

小米妈妈最后下定了决心，特长的选择要以孩子的兴趣为出发点，如果能配合孩子的天赋潜能当然更好。能学到什么程度不重要，重要的是她从此多了一个可以愉悦自己的兴趣和爱好。

小米妈妈先观察孩子有哪些爱好和特长倾向，把家附近的一些好的培训课程都收集起来，然后让小米来选：“小米，绘画可以开拓你的大脑思维，钢琴可以锻炼你手指的灵活度，主持可以提高你的演讲能力，你喜欢哪个呢？”

小米思考了一会儿说："妈妈，我选择画画，我喜欢画画。"

约定二：孩子，你为自己的选择负责

在正式上课之前，妈妈带小米去了好几个不同的绘画机构现场进行体验和试听，还和老师、同学进行了交流。小米发现，学画画并没有自己想的那么轻松，不是随便画画就可以的。

每个周末都要去上课，就不能像以前那样经常去游乐场和动物园了。

上课的内容可不是随便涂涂画画，要从枯燥的画鸡蛋开始，每一步都需要紧跟老师的要求。

平时放学了，还要回家做绘画课的家庭作业，玩的时间就减少了。

小米不仅看到了这项特长外在的美好，也了解了可能会面临的困难、挑战和压力，苦乐心中都有数了。

妈妈说："小米，学画画是很辛苦的，每天都要画，不能半途而废。但是，学了画画会让你多一种爱好，当你心情不好、不想写作业时，画画会让你平静很多，画画也会让你更加自信。如果你真的想学，并且愿意坚持至少一年，那妈妈就给你报名，好吗？"

小米看了看画室里五彩斑斓的作品，看了看脸上洋溢着笑容的小朋友们，坚定地说："妈妈，我能坚持！"

开始学习画画后，小米果然很痴迷，有一次妈妈喊："小米，该吃饭了"，小米嘴上答应着，屁股还是一动不动。有时，小米专心致志地画画，竟然忘记了吃饭——同样的场景上演了好几次。

约定三：孩子，你为自己的目标制订计划

小米学了画画，那么，就要为自己的选择负责。网上有好多"小学生作息时间表""一周时间安排表"，就像瑶瑶妈妈用的那样，把小朋友的学习进行 KPI 拆解——学期目标、半学期目标、周目标、日规划。小米妈妈是企业的部门领导，做这些任务分解和阶段冲刺是她最擅长的工作。但是她硬是咬咬牙，忍住想代劳的心，耐心引导小米："小米宝贝，我们一起来想想，画画的学习计划都包含哪些方面呢？"

小米第一次做的计划，惨不忍睹。

目标：明年拿到诺贝尔绘画奖！

计划：每周画画 2 小时！

小米妈妈又好气又好笑，继续用启发式提问来引导小米思考："诺贝尔是没有绘画奖的，但是学校里和绘画班里有很多，我们争取一年后拿到一个绘画奖项好不好？另外，如果小米你坚持画画，3 个月后我们就能开一个家庭画展了呢！"

为了达到这个目标，还要想清楚下面这些问题。

多久上一次课？

每周练习几次，每次多久？

坚持到几年级？（通常需要至少坚持到初三）

遇到困难该怎么办？

目标定太高，即使孩子再努力也达不成，孩子会有挫败感；如果目标定太低很容易达到，孩子又会失去奋斗的激情。

最后，小米在妈妈的引导下，定了一个让她激动不已的**目标：3个月内，开家庭画展！**

计划： 每两天画一幅画。

外企高管小米妈，悄悄地在这个目标和计划里又用到了 SMART 模型。

Specific 明确：在画画这件事上有明确的时间和内容。

Measurable 可量化：3 个月画 50 幅画。

Attainable 可达成：基本 2 天一幅，小米可以完成，且没太大压力。

Realistic 可行：家庭画展大概邀请 10 个亲朋好友，很容易做到。

Time-based 有时限：3 个月。

约定四：孩子，跌倒了你要爬起来

很多孩子一过了兴头就不愿继续，兴趣培养就很容易半途而废。小米妈妈对此也有心理准备，但没想到来得这么快——学习的第 6 周，小米居然说："我不想学画画了！"接下来 2 周，她都不愿意上课，也不交绘画课的作业，并撕掉了已画好的 10 多张画。

小米妈妈心里那个急啊，不行不行，还是要找到问题的根源。她给绘画班的老师打了个电话，发现最后一次上课的时候，老师教了新的内容，小米画了好几次都没画出老师要求的效果，好几个同学都被表扬了，一直是"优等生"的小米反而没被表扬，这可是头一遭啊。

妈妈找小米谈话，语气很温柔："小米，妈妈看出来你现在很烦躁，又灰心丧气，也很抵触画画这件事，是因为你最近好几次没画出符合老师要求的作品，感到很沮丧吧？"

这时小米使劲地点头，还流下了委屈的眼泪。妈妈依然很温和地把小米搂在怀里，说："你想哭就哭出来，妈妈静静地陪着你。"

小米从放声大哭到默默流泪，最后不再哭泣，这个过程经历了半个小时。

哭完以后，小米说："妈妈，我现在轻松了很多，很神奇的是，我哭完就想到了解决办法——我现在就去尝试两种不同的色彩搭配，上午画一幅，晚上画一幅，让妈妈拍照给老师看，然后再改进。"于是妈妈和小米一起去画画，经过改进，小米的画一下子就过关了。

从此，小米又拿起了画笔，变回了那个痴迷画画的她。

孩子遇到挫折时，小米妈妈没批评、指责、打骂，而是做了 3 件事：共情、陪伴、寻找解决方法。

约定五：孩子，我为优秀的你点赞

小米家每周二晚饭后有一个固定节目，小米会捧出自上周以来画的画，然后全家一起来欣赏。

当看到小米画得有进步时，爸爸妈妈会毫不吝啬地夸奖、鼓励她，而且绝对不只是"好棒好棒"，一定是有细节的。

"小米这周画的房子比上周画的生动很多！看，原来是因为你在房子周围加上了花草、小鸟和蓝天白云点缀，这样看起来更**形象**。"

"我看到小米为了自己 3 个月开画展的目标，放学一回来就趴在书桌开始画画，遵守自己的计划！"

每次，爸爸妈妈都会精选一些画作拍照发朋友圈，还取了一个小小栏目名《小米画家成长记》，每次都得到很多朋友的鼓励。爸爸妈妈会把鼓励的话一条条读给小米听，她心花怒放，充满了成就感，也更愿意完成自己的学习计划。

画作多了，爸爸妈妈还用"微印"服务，把《小米画家成长记》印成了一本小画册。小米第一次看到画册时，眼睛瞪得比铜铃还大，

"哇"的声音响彻整个屋子。第二天就马上拿到班里和小朋友们分享，回来骄傲地说："大家都说我是小画家，都有自己的画册了！"

爸爸妈妈听得心里像蜜炙了一样甜。

后来拿到的金奖奖状，小米妈妈帮她郑重地贴在了墙上，所有进门的客人都可以一眼看到。小米每天看着自己的奖状，画得更起劲了，现在已经是校园里小有名气的"小画家"。

可是不能只夸啊，盲目的夸奖会使孩子止步不前。如果有画得不好的地方，智慧的小米妈妈不会直接说"小米哪里画得不好"，而是说"这里可以画得更好"。

"小米，今天用了几种暖色来画晚霞，非常温暖。如果颜色的层次可以再分明一点，那么是不是会更加突出晚霞的变幻呢？"

这样的意见小米很乐意听，她甚至迫不及待想听妈妈对自己画作的点评。平时到书店，她也会直奔绘画书架，找一些大家名作来看。她的内心深处，认为"我能行，我可行"，也就更愿意用心画好每一张画。

让孩子掌握一技之长固然对孩子的成长有益处，但与其通过大量的"特长班"去"挖掘"孩子的兴趣，不如给孩子适当的自由，让孩子自己选择自己的兴趣，这时家长再因材施教，势必会获得更佳的效果。小米妈妈与小米的 5 个约定——让小米选择自己的兴趣、为自己的兴趣负责、为自己的目标制订计划、跌倒了要自己爬起来、知道爸爸妈妈永远是她的忠实粉丝——让小米开始学画画短短一年后，就拿到了全国比赛的金奖和银奖，更让她有了选择自己人生之路的底气、直面困难的勇气、攀登高峰的豪气。

小练习：不同性格的孩子适合什么特长班

喜欢安静的孩子

喜欢说话的孩子

喜欢动手的孩子

喜欢打闹的孩子

喜欢服饰的孩子

关注微信公众号"妈妈点赞",回复关键词"兴趣特长",可以看到我们为您推荐的一篇文章,分析不同的孩子分别适合学什么特长。

2.4 当众说话三步走, 你的孩子也能成为演讲达人

几乎每个妈妈看到自己的孩子站在舞台中央侃侃而谈,都会忍不住流下眼泪。

😐 你怎么就不敢演讲呢

有一天,在学校门口上演了这样一幕。一个妈妈对孩子发出连环问:"你咋没有一点儿出息呢?!我好不容易给你争取主持'六一'活动的机会,你咋就不敢主持呢,怎么能说放弃就放弃呢?!你能对得起我多次找老师申请吗?!"孩子流着眼泪,低着头弱弱地说:"我不敢当着那么多同学和老师的面说话,一说话我就腿发抖。"

听着很心疼吧?我们在很多学校开讲座时常常听到家长提问:"老师,我的孩子很内向,不愿意当众表达,为了锻炼孩子的表达力和演讲力,我绞尽脑汁想了很多方法,最终都以失败告终,我到底该怎么引导呢?"

原来，孩子不敢上台演讲，是很多家长共同的烦恼。

小米刚上小学时，也是一个非常腼腆，不爱表达的小女孩。有一天小米妈妈读到卡耐基先生的《当众说话》，里面的方法都非常实用，那是不是可以运用在培养孩子的演讲力上呢？于是小米妈妈尝试设计了一套"当众说话三步训练法"，轻松提高了小米的演讲力。小米现在已经能大胆地在老师和同学面前表达自己的观点，还被选做代表，在国旗下发言。

一、从小开始，潜移默化建立孩子的语料库

首先，妈妈带小米学习一些朗朗上口的儿歌，一起练习绕口令、口部操等。小米很快感受到语言韵律中的乐趣，她尤其喜欢《声律启蒙》，每一段都充满了音乐感和艺术感。

"云对雨，雪对风，晚照对晴空。来鸿对去燕，宿鸟对鸣虫。三尺剑，六钧弓，岭北对江东。人间清暑殿，天上广寒宫。两岸晓烟杨柳绿，一园春雨杏花红。两鬓风霜，途次早行之客；一蓑烟雨，溪边晚钓之翁。"

中国文字的韵律之美，就这样扑面而来，珠玉之声，声声清脆。

平时上下学路上，小米爸爸也经常提一些问题训练她的发散思维：

"长大后你要做什么？"

"你为什么喜欢红色？"

"为什么……"

这些练习，润物细无声，日积月累地改变着孩子的思考和表达。

孩子们是天生的说书人，只要耐心引导，很快就能激发他们表达的欲望。到了晚上，妈妈还会通过简单的看图说话来锻炼小米的想象力、观察力和语言组织能力。小米很喜欢听妈妈讲故事，

比如《米小圈上学记》。有时候妈妈讲到精彩的地方会故意停下来："然后，米小圈和姜小牙一起爬到操场的树上，看着班级的同学和老师上体育课，结果你猜怎么了？"，小米会忍不住接过话头往下讲："然后，被老师揪着耳朵打了一顿，哈哈哈哈。"

二、开口游戏，循序渐进走向外面的舞台

从一年级学习生字开始，妈妈就带着小米一起玩语言游戏。她会先让小米组一个词，再让小米用这个词造句子，然后再用这个句子编一个小故事，每天晚饭后全家的娱乐节目就是听小米讲故事。比如下面这个下雨的故事。

雨。

下雨。

今天放学时乌云密布，快要下雨了，我背着书包赶紧往家跑。

故事·下雨天我打着最喜欢的白雪公主雨伞去找小朋友玩，一路上我边走边蹦踩水玩，淘气的小水花溅到我的身上和路边的小草身上，我笑得直不起腰，小草笑着在雨中挥手跳舞。

等到小米能够轻易地编出很多故事时，妈妈就开始举办一周一次的"家庭演讲比赛"，后来这成了小米一家最喜欢的家庭节目。爷爷奶奶是最忠实的观众，早早就坐好，每次小米讲完，都激动地鼓掌："太棒了太棒了！"

爸爸妈妈也是"选手"，会一丝不苟地准备题目演讲。比赛结束以后，全家还要投票选出"本周最佳选手"。当然

啦，大部分时候，小米都会获此殊荣。在粉丝团的鼓舞下，她越来越自信了。

后来大家都知道小米家有这个比赛，都想过来参加。于是妈妈将小比赛升级为"小朋友聚会演讲会"，邀请了小米的同学一起参加，而且——还要收 1 元门票！门票瞬间卖光，家长和小朋友们都组队来参赛和观摩。

经过 1 年的训练，小米的台风越来越好，观察、思维、记忆、语言表达等各种能力不断提高，在班级演讲比赛中获得了"演讲小能手"称号，还成为当年"六一"晚会的小主持人。

三、刻意练习，让孩子学会自我改进

小米爸爸认为，大量的练习还不够，必须要有更有效的反馈，才能够不断提高能力，否则就会一直是"低水平勤奋"。

每次举办"家庭演讲比赛"，爸爸都会悄悄架起三脚架，录下全过程。每过一段时间，家庭会议上就有一项"议程"：点评近期比赛录像。爸爸还郑重地制作了一个评分表，分为演讲主题、演讲内容、肢体语言、开头结尾 4 个部分，每个人都要认真给每个选手评分，包括自己。

小米拿到属于自己的评分表，自豪感油然而生。开始时，小米一门心思只看爸爸妈妈的表现，看着看着发现了门道。

呀，原来妈妈的手势这么美！

原来爸爸这么会讲故事！

原来自己在台上站得人靠边了！

当小米的演讲比上一次流利，比如几个字的发音更准确时，爸爸妈妈会鼓励她说："小米这次把几个生字的发音读准确了，而且演讲流利，手势幅度给人感觉很舒服。"

慢慢地，小米发现了很多自己可以提高的地方，也特别愿意听取爸爸妈妈提出的建议，有时甚至自己就能发现可以提高的地方。

表达并不容易，要尽可能地给孩子赋能和反馈。小米讲故事时有玩手指的习惯，显得比较扭捏，妈妈没有直接说，"小米你不要玩手指，这样很不大方"，更没有说，"小米你可以做得更好"——前者是对孩子的彻底否定，后者蕴含着"你做得不够好的意思"。妈妈会指出小米讲得好的地方，然后说："这个故事可以参加'小小演说家'比赛呢！在舞台上要拿着麦克风，那么我们试着左手拿一个水瓶当麦克风，右手像天鹅一样优雅地放在身边，好不好？"

没有人是天生的演说家，但是成为演说家有方法。你家的孩子也可以做到。

【小工具】家庭演讲比赛评分表

演讲人	演讲主题清晰（25分）	演讲内容生动（25分）	肢体语言得体（25分）	开头结尾有力（25分）
爸爸				
妈妈				
宝贝				

关注微信公众号"妈妈点赞"，回复关键词"演讲力"，我们会给你推荐一篇文章介绍不同性格的孩子如何培养演讲力。

2.5 财商教育，从压岁钱、零花钱开始

越是小时候接受过金钱管理培养的孩子，长大了就越能正确面对财富，越有可能拥有幸福人生。

⊜ 压岁钱、零花钱怎么花

春节过后又迎来小学开学。小女生们叽叽喳喳地讨论过年去了什么地方、买了什么新衣服、收到多少压岁钱。

上课了。班主任程老师说："同学们，大家的讨论很热烈，我们今天的第一课是：聊聊我们的压岁钱。我们来做一个小小的调研吧——大家今年收到了多少压岁钱？打算如何使用？"

不统计不知道，一统计吓一跳——大家平均收到的压岁钱都在 5000元以上，最少的同学都有 3000 元，最多的竟然有 20000 元！

天天说，打算买一部新手机打游戏。

轩轩说，爸爸妈妈说压岁钱是"从左边口袋到右边"，要还给他们。

小米说，打算把压岁钱分为三部分，第一部分捐给贫困山区小朋友，第二部分存定期，第三部分购买理财产品。

程老师惊讶地说："小米，你已经是个小理财家了！"

原来小米妈妈曾经是四大会计师事务所的审计经理、税务咨询顾问和 500 强外企的税务经理。她从大学起，开始自己系统学习理财，既赚过钱，也亏过钱，慢慢摸索出一套适合年轻人的理财方式。实现财务自由以后，她开设了自己的职场小白理财课程，收获了好几千的粉丝。

有了小米以后，她发现，财商不能等到工作以后再去培养——**未来的大富翁，也许会诞生在从小就有财商教育的家庭**。而对零花钱和压岁钱的管理，则是最简单易行的财商教育。

我们认为，培养孩子的理财观念，从孩子学龄前就可以开始了。

3～6岁财商启蒙：四步让孩子认识金钱的作用

孩子学龄前，妈妈们就可以教孩子一些基本的金钱概念，具体包括认识数字，数数，简单的加减法，大小轻重的比较，钱币的种类金额，商品货币交换的观念。这里我们推荐一些游戏，可以帮孩子更好地认识金钱的概念与用途。

① 给压岁钱时给孩子硬币或者零钱，让孩子对金钱产生直观的认知。

② 为孩子准备两个小存钱罐，平时把一角、五角硬币放到第一个中，把一元硬币放在第二个中。第一个存钱罐的小硬币可以换成一元硬币去玩电动摇摇车，第二个存钱罐的一元硬币数量够了可以去买玩具。

③ 在家跟孩子玩超市游戏，请孩子假装购买蔬菜和水果，通过找兑零钱和购买物品的方式，建立起在生活中应用金钱的场景概念。

④ 带孩子去超市实际购买日常用品，请孩子帮忙将所需物品按照采购清单放到购物车中，并请孩子将钱交给营业员支付，让孩子看到钱是如何流通的。

⑤ 带孩子到爸爸妈妈工作的地方参观，告诉孩子爸爸妈妈的工资是如何得来的——不是从 ATM 机取出来的，而是通过辛勤劳动赚来的。

⑥ 给孩子开立一个存放压岁钱的账户，让孩子亲自办理一些基础的银行业务，比如填写存单和取款单，给外地的爷爷奶奶汇款等。告诉他们为什么要把钱存在银行里，为什么不同年限的存款利率会不同，让他们有简单的理财意识。

当然，培养孩子的理财观念也并不总是像理论上那么简单，有的时候也会遇到挑战。

有一次，妈妈带小米去逛商城，看到一个小猪佩奇主题的玩具店，小米都迈不动腿了，哭着闹着让妈妈给她买最新款的佩奇挂饰，不买就不肯走。可是上周刚买过佩奇书包，上上周才刚买过佩奇茶杯……

看着哭得上气不接下气的小米，妈妈陷入了苦恼：买，下次她还会变本加厉；不买，不知道如何收场。

我们发现，大部分父母都会遇到孩子吵闹着要买玩具这样的难题，我们建议如下。

提前约定，不再反复

做出了约定，家长就不要再反复了。今天因为孩子哭了给他买，明天她不哭了就不买，那么孩子自己也会困惑——到底爸爸妈妈说话算不算话？久而久之，孩子会把哭闹当成一种可以要挟家长的武器。

下次出门前，妈妈就提前跟小米做好约定："小米，今天我们出门不买玩具哦。如果你特别想要玩具，妈妈会抱抱你。"

遇到哭闹，静静陪伴

如果小米还是当众哭闹，一定要妈妈给她买，妈妈就会告诉她："我们的约定是今天不买玩具。你可以哭，妈妈等你。"然后妈妈就坐在小米旁边，看着她，陪伴她，等她夸张的情绪过去。

第一次特别难，商场里人来人往，小米满地打滚。妈妈感到一丝尴尬，但还是坚持住了，找到一个人少的角落坐下来，静静地等待小米哭完。然后，跟小米说："不能买玩具，你一定很难过吧。"

学会倾诉，耐心倾听

当孩子不哭了，妈妈说："你可以跟妈妈说，我想要这个玩具。"重点是让孩子说出来，当孩子用语言表达而不是用哭来表达需求了，妈妈就及时表示愿意倾听："妈妈看到你现在可以说出你想要的了，我愿意倾听你的需求。"

延迟满足，形成规矩

妈妈还告诉小米，她什么时候可以得到想要的玩具："小米宝贝，你可以得到你想要的玩具。还有 10 天就到我们这个月的玩具日了，你可以买一样梦想清单上的玩具。或者到下个月你生日的时候，妈妈会从你的梦想清单中挑选一个你最喜欢的送给你。"后来小米开始存自己的零花钱，这就更好办了，她会为了自己最想要的玩具，忍住其他诱惑。打开储蓄罐去买玩具的那一刻，是小米最满足的时候。

通过这样的方式，小米不仅学会了用零花钱理财，更学会了管理自己。

7 ~ 14 岁财商成长："三金一账"教孩子学会规划金钱

小米妈妈的朋友问："这么小就和孩子谈钱，你不担心小米变得唯利是图吗？"

小米妈妈说："股神巴菲特 5 岁就在家里模拟做生意，6 岁在社区里兜售可乐，9 岁投资股票，13 岁当报童，赚钱与朋友合伙投资游戏机。如今他是世界上最富有的人之一，最慷慨的慈善家之一。上学的孩子就可以真正学习理财了，弄清楚如何赚钱、如何攒钱、如何花钱。孩子树立了正确的金钱观，不但不会变得唯利是图，还会懂得如何用财富创造幸福。"

小米上一年级之前的暑假，妈妈带她去银行开立账户，开始初步培养她的理财意识。小米从 7 岁开始，就拥有了自己的"三金一账"。

① **储蓄基金**：将每年压岁钱的若干比例（比如50%）存入储蓄基金。向孩子解释储蓄基金的具体用途，这些钱用于未来上学等大额支出，或者应对紧急情况，平时是不会轻易动用的。

② **梦想基金**：用一个专有的存钱罐盛放梦想基金。妈妈引导孩子写下了《梦想清单》，包括最想买的玩具，想做的事，

想去的地方。为了让清单更加直观，还用画画和打印照片的方式，编辑成一本厚厚的册子。要是在这期间，孩子因受到其他东西的诱惑而没能"挺住"，那么他就必须为自己的合理或不太合理的花销负责。定期翻阅《梦想清单》，孩子会知道，金钱可以帮助他实现梦想，而积累金钱需要抵制诱惑。

③**慈善基金**：教会孩子使用慈善基金帮助需要帮助的人，或者支持家庭的活动，让孩子体会付出和贡献的力量。

④**专属手账**：教会孩子记账目，从简单的收入、存款、支出3个方面记账，培养现金流意识。

✎ **【小工具】3～12岁孩子的财商培养地图**

年龄段	给钱	花钱	存钱	挣钱
3～6岁	3岁前无专门零花钱，3岁后每周给3～5元钱的硬币 购买玩具时父母给钱 春节有长辈的压岁钱	不随意花钱 父母在每月固定玩具日购买玩具 父母在节日或生日购买礼物	父母代存	学校或社区组织的跳蚤市场，旧物交易
7～12岁	每周固定时间给孩子固定金额的零花钱 春节有长辈的压岁钱 学校活动时父母出钱	小宗消费花自己零花钱，无限制，允许孩子试错 大宗消费设立预算，父母赞助一定比例 节日或生日父母购买礼物 压岁钱一定比例做公益	由父母带领开立银行账户	额外的家务劳动 社会实践 假期短工等

续表

年龄段	给钱	花钱	存钱	挣钱
备注	零花钱数额建议每周 10 元或者孩子几岁，给孩子几块钱的零花钱 家长不要将孩子的学业成绩跟奖励金挂钩	小宗消费可以根据家庭实际经济情况设定上限		注意事项：孩子要承担一定的家务分工，职责范围之内的家务并没有报酬。如果孩子愿意承担额外的工作，可以根据工作量给予一定的报酬

小练习：孩子成绩好，要求父母给零花钱奖励怎么办

小米每个星期都会得到 10 块钱的零花钱，存进自己的"梦想基金"储蓄罐。可是有一次，小米问妈妈："妈妈，我语文考了 100 分，你准备奖励我多少钱？我同桌天天考了 100 分，她奶奶奖励了她 100 块钱！"

如果是你，你会怎样回答孩子呢？

小米妈妈是这样做的。

◆ 了解孩子想拥有金钱的真实动机。

小米妈妈是这样回答的："小米，你考试得了 100 分，是你努力复习的结果，这太棒了！我很想听一听你需要这 100 块钱是希望实现什么梦想呢？"

小米说："我没有什么想买的，就是想知道，为什么天天考一次 100 分就能得到 100 块钱，我都考了好几次 100 分了，你都没有奖励我钱。"

◆ 引导获得金钱的正确途径。

妈妈说："嗯，看起来你希望跟天天一样。不过每个家庭都有自己不同的规则。在咱们家考试成绩是你努力的结果，并不会获得金钱的奖励。咱们家你可以通过什么方式获得金钱呢？还记得吗？"

小米想了想，说："我每个星期都有 10 块钱零花钱，天天没有。我帮妈妈打印了工作用的材料，还帮你按顺序整理了，你给了我 5 块钱的工资，天天没有。上周妈妈带我去小区卖报纸，挣了 20 块钱，天天没有。哦，原来我可以通过这些方式挣到钱啊！"

◆ 成为孩子的梦想后盾。

妈妈说："是的，你可以通过这些方式获得钱。同时，如果你有梦想，妈妈也会支持。你可以大胆地把梦想说出来，我们一起实现！"

小米妈妈的做法，避免了孩子把金钱奖励和成绩混在一起。这样孩子就不会因为得不到物质奖励而不好好学习了。

关注微信公众号"妈妈点赞"，回复关键词"财商教育"，我们给你推荐更多介绍妈妈如何培养孩子理财意识的文章。

2.6 奔跑吧，孩子！
——用 APA 方法让孩子爱上运动

孩子越大，越要多和爸爸在一起，因为爸爸带孩子，会更好地发展孩子的运动天赋。

● 孩子经常生病又不愿意运动

轩轩在家里是个娇生惯养的小霸王，衣来伸手饭来张口，最喜欢的就是在家看电视、打游戏。爸爸妈妈叫他去运动，他从来不肯去。轩轩从小身子也弱，三天两头感冒发烧，跑医院。而且上课注意力不集中，在凳子上扭来扭去坐不住，听写生词时总是神游天外。

怎么办呢？爸爸妈妈愁死了。

爸爸有一天在杂志上看到一个报道，美国某高中进行过一次著名的教育实验项目"零点体育课"——每天早上，学生先上自己喜欢的体育锻炼课，再上一天中最难的一堂课。项目共有 19000 多名高中生参与，他们的阅读能力和理解能力提高了 17%。而且，学生们的身体素质也得到了提升。

看来不让轩轩爱上运动还不行，爸爸到处去学习有什么办法让孩子爱上运动，直到他遇见了"APA 方法"，他按照这个方法在家开展了一段时间的"魔鬼训练"，果然有效。

什么是 APA 方法呢？即 Attempt 尝试，Persistence 坚持，Accompany 陪伴。

尝试：先有体验，才有热爱

要想让孩子热爱运动，父母需要让孩子多尝试和体验各种运动项目，帮助孩子找到感兴趣的运动项目，同时要根据孩子的兴趣与身体素质来判断孩子是否适合该项运动。现在很多运动课程班都有免费体验课，或者团购低价体验课，在给孩子报运动课程班之前，父母可以先带孩子去体验一下，让孩子挑选自己喜欢又适合的运动项目。

爸爸观察到，轩轩从小很喜欢玩水，每次爸爸妈妈带轩轩去海边或者游泳池，轩轩都特别兴奋，离开时恋恋不舍。爸爸问轩轩："你那么喜欢玩水，那我们去找教练学游泳吧？"轩轩很开心地同意："太好了，我要学游泳！"

于是爸爸带轩轩去游泳馆找教练学游泳，轩轩学得非常认真，进步很快。不到一年的时间，轩轩把蛙泳、自由泳、仰泳、蝶泳 4 种泳姿都学会了，成了学校的游泳明星，身体也变得棒棒的，不再轻易感冒。

父母在孩子比较小的时候，要像轩轩爸爸一样，先注意观察孩子对什么运动感兴趣。如果不是很了解，可以设计一些趣味游戏型的亲子运动，让孩子在嬉闹玩耍中运动，这样家长就可以观察孩子喜欢哪些运动，再因势利导了。

✏ 【小工具】推荐家长在孩子 3~6 岁时可以体验的亲子运动清单

跳房子

"跳房子"游戏不仅能提高孩子跳跃和保持身体平衡的能力，还能培养团结、协作和锻炼身体的意识。

捉迷藏

"捉迷藏"即孩子蒙住眼睛寻找躲藏者的游戏。主要训练孩子的观察力，以及对声音的敏感度。

丢沙包

丢沙包是一种活动量较大的游戏，此游戏不仅能锻炼孩子的肌肉，还能训练手眼的协调能力，培养敏捷的反应能力。

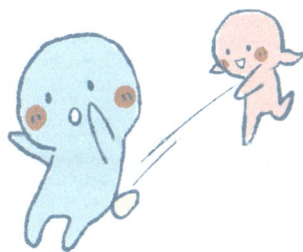

抓沙包

把一个沙包高高扔起，在沙包落下之前把桌上的若干个沙包抓到手里，然后用同一只手接住落下来的沙包。抓沙包能训练手眼的协调能力，还能训练孩子的敏捷性和协调性。

打画片

打画片就是参加的人各出一张画片，自行放好，放的位置和方法不限，然后商定开打的顺序，按照商定的顺序使用拍地的方式来让画片翻转，每人每次只能拍一下，所有的画片都是背面朝上时游戏结束，最后拍的那个人赢得所有画片。打画片可以锻炼孩子的反应能力和探索开发能力，也有助于孩子间的交流。

老鹰抓小鸡

老鹰抓小鸡可以训练孩子的观察力、敏捷性、协调性及团队合作能力。

孩子大一些以后，父母可以尝试与孩子一起进行乒乓球、羽毛球、篮球、足球等运动。在陪伴孩子运动的过程中，父母对于孩子的要求不要太高，最重要的目的是让孩子在运动中感受到快乐和放松，爱上运动，让孩子养成经常运动的好习惯。

坚持：制订计划，持之以恒

爸爸知道，运动的效能不在一朝一夕，而在于坚持。培养了轩轩的游泳兴趣以后，爸爸开始考虑给他制订运动计划了。

轩轩在小学三年级的时候，被老师挑选加入学校的游泳队，每周一、周三课后集训 2 小时。但是后来轩轩也遇到了瓶颈，老师评价他进步比较慢，建议课余时间也要花时间提高。

爸爸和轩轩就做了课余时间的训练计划：除了每周一、

周三的集训，每周二、周五下午放学后自行练习 1 小时，周日下午练习 2 小时。爸爸在帮轩轩做近期计划、每日计划时，还把游泳的安排重点标注出来，提醒轩轩关注。经过 1 年的坚持训练，轩轩的游泳技能提高很快，代表学校参加全市的游泳比赛，取得了优异的比赛成绩。

陪伴：以身作则，全家受益

研究表明，如果父母都积极参加体育活动，那么孩子参加体育活动的概率要比其他孩子高出 5.8 倍。要想让孩子养成爱运动的好习惯，父母需要以身作则，和孩子一起参与运动。

有段时间，轩轩因为身体长疹子不能去游泳。为了不中断运动，爸爸和轩轩商量，每个周末去爬附近风景优美的西山。刚开始，轩轩老说身体不舒服，不愿意去。爸爸想了一个办法："轩轩，你和妈妈组成一队，爸爸自己一队，让你们先爬 300 米，看哪队先爬到半山腰的阁楼，赢的队负责点餐，输的队负责买单，你看怎样？"

轩轩很高兴地答应了，并和妈妈一起努力最后赢得了比赛。后来轩轩越来越喜欢爬山，有时候因为爸爸妈妈有事去不了，他就会感到浑身不自在。

父母可以运用"APA 方法"，即通过尝试、坚持、陪伴去培养孩子对运动的热爱。运动不仅可以使孩子身体健康、心情愉悦，还能增强孩子的学习能力，真是一举多得！

【小工具】适合 3 ～ 12 岁孩子的运动项目

　　为了提高孩子的智力水平和学习能力，父母需要培养孩子的运动能力，可以参考下表，根据孩子的年龄阶段以及身体发育阶段，选择适合孩子的运动项目。

年龄段	内容	项目
3 ～ 6 岁 学龄前儿童	● 可以多进行室外的亲子游戏与运动，有利于孩子的生长发育 ● 让孩子多接触不同种类的体育项目，培养孩子对一项或几项体育运动的兴趣	跳房子、捉迷藏、丢沙包、玩滑板车、游泳、健身操、骑自行车等运动项目
6 ～ 8 岁 小学低年级	● 心血管系统机能的发育比运动系统的发育还要迟缓。不能承受经常性的大强度、长时间的运动 ● 可以参加一些益智类的体育游戏来培养孩子对体育的兴趣	乒乓球、游泳、滑冰、球类、骑自行车、跆拳道等运动项目
9 ～ 12 岁 小学高年级	● 孩子的力量、速度、耐力及灵敏性都有了一定的基础，有了自己特定的体育运动爱好 ● 可以培养孩子的运动能力，避免参加有对抗性的项目，避免运动损伤	乒乓球、羽毛球、网球、游泳、骑自行车、击剑、足球、篮球等运动项目

2.7 你的孩子未来有什么可能

父母不应该代替孩子做选择，但是父母可以尽力为孩子创造更多选择的可能性。

● 每个人都有一百个梦想，却只有一辈子的时间

天天在 4 岁时，喜欢摆弄玩具枪，还对警察这个职业非常好奇和关注。每次在路上见到警察叔叔，他就目不转睛地盯着警察叔叔看，有时嘴里还哼着儿歌："我在马路边捡到一分钱，交给警察叔叔手里边"。爸爸就问他："天天，你长大以后想当什么呀？"天天右手举起玩具枪，左手叉着腰，大声地对爸爸说："我要当警察叔叔，有枪，抓坏蛋！"

天天 6 岁时，开始上小学，他的理想又变成了当指挥家。他右手举着"指挥棒"，模仿指挥家的动作挥舞双臂，对爸爸妈妈说："我想当指挥家，爸爸妈妈，你们看，如果我能在舞台上指挥那么多人演奏各种乐器，多有趣啊！"妈妈说："天天，你想当指挥家，这个想法非常赞！我们一起来想想，如何才能成为一名指挥家吧！"天天很开心地答应了。

上五年级以后，天天又想当科学家了，他的理由可充分了，他说："爸爸，今天我看了一本书，里面讲到我们马上要进入人工智能时代，我要当科学家，发明机器人，去做人类想不到做不到的事情！"

从小到大，天天的理想变了好几次，天天的爸爸妈妈很好奇，天天长大后究竟会如何选择他的人生理想呢？

是否现在就需要给孩子一些未来的规划和引导呢？要的，孩子每个阶段都会面临很多选择，而规划可以让他们

做出最优概率的选择。父母可以从以下 3 个方面侧重引导。

孩子的优势与特长的规划

父母应该及时发现孩子小时候表现出来的特长，然后科学引导。

轩轩从小对唱歌比较感兴趣，在唱歌方面也有优势，他还被选为学校合唱团的领唱，他经常说："我最喜欢唱歌了，唱歌让我的心情特别好，长大后我要当一名歌唱家！"爸爸妈妈建议他学唱歌的同时再学一点儿钢琴。他兴致高昂的时候，还会用钢琴作曲，当他弹着钢琴唱着自己写的歌时，整个人就像在云端跳舞。

轩轩坚持学了三年唱歌以及钢琴，依然乐此不疲，爸爸妈妈就想和他对未来发展的规划进行沟通，想问问他未来是否要走专业的音乐发展道路。轩轩的回答是："我很希望成为一名音乐家，而且我不怕吃苦。"所以，轩轩的爸爸妈妈对孩子的培养是按照未来走唱歌专业化的方向进行规划的，这是轩轩经过深思熟虑以后，自己选择的未来的方向，他会更容易努力和坚持。

当孩子的特长发展到一定阶段时，父母可以学习轩轩的父母，引导孩子判断是否喜欢自己的优势特长，愿不愿意长期发展。如果孩子的回答是肯定的，那父母可以帮助孩子对自己的特长发展制订规划。有了规划，孩子会更加努力。

孩子兴趣的三个等级

有的父母发现，孩子的兴趣是变化无常的，有的孩子今天喜欢弹钢琴，明天喜欢拉小提琴，有时喜欢旅游，有时又喜欢宅在家里，时而想考医学院，时而想当模特或者演员，时而又想当科学家或者企业家，对自己没有一个很好的定位。父母想支持孩子，又抱怨孩子不够专注和坚持。

事实上，兴趣和理想的匹配是需要一些前提条件的。兴趣有下面 3 个不同的等级。

感官兴趣。一般来说，短期喜爱某一件事情，这只是"感官兴趣"，孩子的"感官兴趣"会比较多，比如踢了几次足球以后，就说自己的兴趣爱好也是踢足球。还有跑步、游泳、玩轮滑、画画等，都属于"感官兴趣"，相对不稳定，不一定能成为他未来的职业方向。

自觉兴趣。如果孩子不仅喜欢踢足球，并且为此专注和痴迷，同时他愿意花大量的时间去研究踢球技巧，不需要父母去强迫，依然能坚持，并能从中获得极大的成就感，这种兴趣等级，我们称之为"自觉兴趣"，这种兴趣就有可能成为孩子的长期爱好。

志趣。如果孩子对踢足球一直很执着，并且多次表示他希望未来从事踢足球的职业，这时父母可以带他参加一些足球行业的活动，让他近距离了解踢足球这个行业存在的优势与不足之处。孩子近距离了解了足球运动员的真实工作与生活状态后，有可能会打退堂鼓，也有可能坚持自己的选择，继续长期专注于他喜爱的足球运动。那么恭喜，他找到了自己的"志趣"，这种最高层级的兴趣，会非常稳定，难以动摇！

发现适合的赛道，帮助孩子进行职业规划

帮助孩子进行职业规划，可以看看孩子的兴趣会对应什么职业？美国心理学家霍兰德认为，在同等条件下，如果人的兴趣与其职业相匹配，将提高他们的工作满意度、职业稳定性和职业成就感。因此，如果我们能帮助孩子更好地了解并发展自己的兴趣，将有助于他们进一步明确自己在未来的学业、专业、职业及休闲生活等领域的选择和投入，这对孩子来说非常重要。

霍兰德将人的职业兴趣分为以下 6 种类型，每种兴趣类型都有其偏好的活动和相关的职业领域。

✐ 【小工具】霍兰德"兴趣与职业对应表"

兴趣类型	喜欢的活动	典型职业
现实型(R)	孩子喜欢用手、工具、机器制造或修理东西。愿意从事实物性的工作、体力活动，喜欢户外活动或操作机器	园艺师、木匠、汽车修理工、工程师、军官、兽医、足球教练员
研究型(I)	孩子喜欢探索和理解事物，学习研究那些需要分析、思考的抽象问题，喜欢阅读和讨论有关科学性的论题，喜欢独立工作，对未知问题的挑战充满兴趣	实验室工作人员、生物学家、化学家、心理学家、工程设计师、大学教授
艺术型(A)	孩子喜欢自我表达，喜欢文学、音乐、艺术和表演等具有创造性、变化性的工作，重视作品的原创性和创意	作家、编辑、音乐家、摄影师、厨师、漫画家、导演、室内装潢设计师

续表

兴趣类型	喜欢的活动	典型职业
社会型（S）	孩子喜欢与人合作，关心他人，愿意帮助别人成长或解决困难，为他人提供服务	教师、社会工作者、宗教人士、心理咨询师、护士
企业型（E）	孩子喜爱冒险、竞争，通常精力充沛、生活紧凑、个性积极、有冲劲。喜欢通过领导、劝说他人或推销自己的观念、产品而达到个人或组织的目标，希望成就一番事业	律师、政治领袖、销售人员、市场部经理、电视制片人、保险代理
常规型（C）	孩子喜欢固定的、有秩序的工作或活动，希望确切地知道工作的要求和标准，对文字、数据和事物进行细致有序的系统处理以达到特定的标准	文字编辑、会计师、银行家、办事员、税务员和计算机操作员

　　父母可以参考霍兰德的"兴趣与职业对应表"，观察孩子，或者与孩子沟通，判断孩子适合哪一种或哪几种类型的职业。

　　如果有合适的机会，父母可以在孩子步入社会之前，给孩子介绍一些职业的具体情况，或者让孩子去企业亲身实践和感受一下，引导孩子找到喜欢的职业类型。需要注意的是，兴趣类型可以作为引导孩子选择未来职业的重要参考，但不可作为选择职业唯一的依据。

　　孩子的人生是需要规划的，有了好的人生规划，孩子才会拥有绚烂的未来。

第3章

提升孩子的学习能力

学习能力也是一种技能，
越早培养越好。

3.1 四招让孩子学会管理时间

孩子学习不好，很少是智力问题，往往是管理不好自己的时间。

⊖ 时间管理，从娃娃抓起

最近有几位烦恼不已的家长在微信公众号"妈妈点赞"的后台留言：

"我家孩子五年级了，放假十来天了，作业不愿意主动做，每天就是玩游戏、看电视和骑小黄车，一开始我是觉得可以让他放松一下，现在发现他越来越懒散，没有放松完好好学习的迹象。怎么引导他利用假期学习一些新知识呢？"

"孩子自己的作业不主动去做，总是贪玩往后拖，不行动，无论我们怎么说，他只是口头应付，订了计划也不执行。我很苦恼。请问我该怎么帮助孩子？"

"我的小孩今年9岁了，在学习方面拖拉磨蹭，没有时间概念。玩的时候很开心，叫他做作业就各种不耐烦，典型的那种你在旁边急死他也无所谓，各种的好话坏话说给他听都没用……想请问一下老师有什么好方法？"

很多家长在咨询孩子问题的时候，会经常抱怨自己的孩子做事拖拉磨蹭，没有计划性，也缺乏时间观念。父母都希望孩子能在学业上表现优异，像清华北大的"学霸"们一样能够自主管理好时间。如何教孩子做好时间管理呢？接下来分享非常实用的4个方法。

第一招，教孩子认识时间

嘀嗒嘀嗒嘀嗒，时间是怎么流逝的？为了让孩子建立时间观念，父母要教会孩子研究时针、分针、秒针这 3 根细细的针转动带来的变化，让孩子学会观察时间的变化和流逝。在和孩子交流时，父母可以随时告诉孩子时间："现在是 8 点 30 分，我们今天上午 9 点出发去公园，距离出门还有 30 分钟。"

认识时间

孩子做事情前，可以和孩子事先约定好时间。比如，孩子想看动画片，家长可以和孩子约定看动画片的时间。问孩子："你想看 20 分钟还是 30 分钟？"和孩子约定好时间之后，家长可以把计时器打开，计时器响了，时间就到了。通过一定的训练，孩子对时间概念会有比较好的认知，知道"5 分钟""30 分钟""1 小时"在现实生活中的长度。

第二招，时间四象限，教孩子分清轻重缓急

在训练孩子时间观念的过程中，教孩子分清事情的轻重

缓急也特别重要。我们可以通过教孩子学习和运用"时间四象限法",帮助孩子提升时间管理的能力。

"时间四象限法"由美国管理学家柯维先生提出,它将个人手头上的事件按照重要和紧急两个维度进行了划分,分为了 4 个象限,分别是:重要而且紧急、重要但不紧急、不重要但紧急、不重要且不紧急。

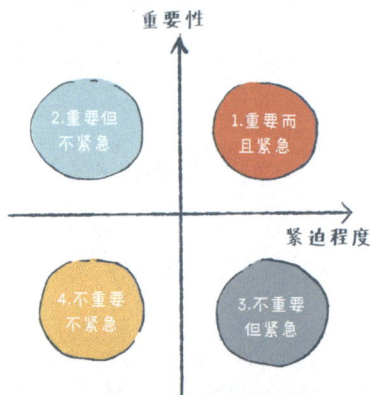

第一象限"重要而且紧急",对于这样的事情,父母可以辅导孩子保质保量地完成。比如,孩子明天要参加期末考试,这件事情就是重要而且紧急的事情,要让孩子非常重视。

第二象限"重要但不紧急",意思是事情很重要,但不需要马上去做,建议父母可以和孩子一起制订一个中长期的计划,定期安排时间完成一小部分,日积月累,就不会到时间节点才变得手忙脚乱。比如,孩子在寒假要参加小提琴考级,那么父母就要和孩子制订好本学期的小提琴学习计划。

第三象限"不重要但紧急",意思是事情暂时不重要,但比较紧急。在特殊情况下,父母可以代劳。比如,期末考试复习时间紧张时，兴趣社团让孩子准备一些道具，晚会需要孩子打印一些资料，孩子时间不够，父母可以帮孩子完成。

第四象限"不重要且不紧急"，让孩子尽量少做这样的事情，不要浪费时间。比如，期末考试前孩子忙着复习，孩子的相册整理工作就没有必要马上做了。

根据"时间四象限法"的原则引申出一个更简单的分类方法，叫"ABC 时间管理法"，它把四象限重新做了分类：A 重要而且紧急，B 重要但不紧急 + 紧急但不重要，C 不重要且不紧急。这种方法对孩子来说更加形象易懂，父母可以教孩子运用"ABC 时间管理法"对事情的轻重缓急做出判断。轩轩用这个方法就取得了意想不到的好效果。

期末考试前，妈妈问轩轩："轩轩，现在距离期末考试还有多长时间呀？"

轩轩看了一下老师的通知，回答说："还有 2 周时间，是下下周的周三、周四两天。"

妈妈建议："为了迎接期末考试，咱们一起看看你每天晚上的学习安排是不是需要做一些调整。对了，你可以用一下妈妈教你的 ABC 时间管理法，做一下调整哦。"

轩轩说："好的，妈妈，我来想一想，怎么调整最合理。"

接下来，在妈妈的帮助下，轩轩运用了"ABC 时间管理法"，把每天晚上的学习安排，根据重要和紧急的程度，进行"ABC 分类"，并做了一张表格，显示出调整的事项及调整后的时间安排。有了这张表（如下表），轩轩的期末考前复习和准备就更充分，而且在期末也取得了非常好的成绩。"ABC 时间管理法"是一个很简单实用的好方法，爸爸妈妈们也不妨教孩子试一试。

考前安排（18:30—21:30）				
主要事项	分类	时间	调整事项（考试）	调整后时间
数语英复习	B	10 分钟	数语英复习预习	10 分钟
数语英作业	A	40 分钟	数语英作业	40 分钟
数语英预习	B	10 分钟	考试复习、错题集	60 分钟
弹钢琴	C	25 分钟	弹钢琴	10 分钟或者暂停
唱歌	C	25 分钟	唱歌	10 分钟或者暂停
休息娱乐时间	C	40 分钟	休息娱乐时间	40 分钟
写日记	C	15 分钟	写日记	暂停
洗漱	B	15 分钟	洗漱	10 分钟
共计		180 分钟		180 分钟

第三招，时间到了！限时法训练孩子专注力

　　成年人经常戏称，Deadline（截止日期）是第一生产力。其实对于孩子也是这样，孩子如果感觉自己拥有充足的时间，就不容易集中注意力去完成一件事情。限时法是一种可以帮助孩子在一定时间内集中注意力的好方法。

　　在日常生活中，很多事情其实都是可以给孩子设立时间限制的，比如，刷牙、穿衣、吃饭、做作业、收拾书包等。事先和孩子一起约定好做每件事需要的时间，用计时的方法

督促孩子以最快的速度保质保量地完成。

心理学研究表明，儿童注意力集中一次最多 25 分钟。小学课堂 40 分钟，有经验的老师都会在前 25 分钟把重点知识讲完，后面的时间用来做题、互动、答疑。同样的，家长也不能让孩子连续学习的时间过长，否则会降低孩子效率，甚至产生副作用。可以让孩子每学习 20 ~ 40 分钟，就休息 5 ~ 15 分钟。

风靡全球的"番茄时间管理工作法"，就是将每次专注学习 25 分钟作为一个"番茄时间"，再休息 5 分钟。3 个"番茄时间"以后，可以休息比较长的时间，比如 30 分钟，有效做到劳逸结合。这种方法很适合运用在孩子的时间管理方面。家长可以根据孩子的年龄情况，运用"番茄时间管理工作法"，训练孩子的专注力，提高孩子的效率，提升时间管理能力。

第四招，做计划，我的时间我做主

清华大学有一对荣获"本科特等奖学金"的姐妹花，

她们的学习计划表在网络上一公布，就被网友们疯狂转载学习，成为热门话题，姐妹俩也被网友称为"清华学霸姐妹"。

这对清华学霸姐妹从小就会给自己制订详细的学习计划表，日计划能精确到每一小时的安排。学习、活动各方面都兼顾到了，而且她们执行得非常好。

教孩子制订合理的计划，可以帮助孩子提升时间管理能力。其中制订月计划、周计划和日计划是最基本的方法，需要父母教会孩子，并监督孩子有效地执行，再逐步培养孩子的自我管理能力。

◆ 制订日计划。

家长可以从幼儿园或者小学一年级开始教孩子制订日计划，让孩子养成按照日计划完成任务的好习惯。

日计划（8月21日）上午			
时间段	主要事项	ABC 时间分类	番茄时间
07:30	起床		
07:40	洗漱／上厕所		
08:00	早餐		
08:30	出发上课外班	A	
11:30	回家午餐		

续表

日计划（8 月 21 日）下午			
时间段	主要事项	ABC 时间分类	番茄时间
11:30	午餐／午休／休闲娱乐		
15:00	各科暑期作业	A	一个番茄时间
15:30	小提琴练习	B	一个番茄时间
16:00	数／语网课	B	一个番茄时间
16:30	休闲娱乐／看书	C	
17:30	英语口语练习	B	一个番茄时间
18:00	晚餐		

日计划（8 月 21 日）晚上			
时间段	主要事项	ABC 时间分类	番茄时间
19:00	数／语／英网课	A	一个番茄时间
19:30	唱歌练习	B	一个番茄时间
20:00	英语口语练习	B	一个番茄时间
20:30	休闲娱乐／看书	C	
21:00	小提琴练习	B	一个番茄时间
21:30	洗漱／看书	C	一个番茄时间
22:00	睡觉		

◆ 制订周计划。

小学三年级以上的孩子，可以开始尝试制订周计划表，把每周每天上午、下午和晚上的重要事情标注出来，让孩子了解本周需要完成的重要事情。

周计划（8月21日—27日）							
时间段	周一	周二	周三	周四	周五	周六	周日
07:30	起床、早餐、整理	起床、早餐、整理	起床、早餐、整理	起床、早餐、整理	起床、早餐、整理	起床、早餐、整理	起床、早餐、整理
09:00	语文/数学课外班	语文/数学课外班	语文/数学课外班	语文/数学课外班	语文/数学课外班	参观科技馆	学校报到
11:30	午餐/午休	午餐/午休	午餐/午休	午餐/午休	午餐/午休	午餐/午休	午餐/午休
15:00	语文/数学作业/小提琴/玩	语文/数学作业/小提琴/玩	约好朋友玩	语文/数学作业/小提琴/玩	语文/数学作业/小提琴/玩	游戏	约好朋友玩
19:00—22:00	小提琴/英语/看书/玩	小提琴/英语/看书/玩	小提琴/英语/看书/玩	小提琴/英语/看书/玩	小提琴/英语/看书/玩	小提琴/英语/看书/玩	小提琴/英语/看书/玩

◆ 制订月计划。

对于小学四年级以上的孩子，父母可以教孩子制订月计划表。一般来说，月计划的制订，只要标注每月的大事件即可，不需要特别详细的内容。

月计划（9月）						
周一	周二	周三	周四	周五	周六	周日
				1 日	2 日	3 日
				开学	课外班	篮球比赛
4 日	5 日	6 日	7 日	8 日	9 日	10 日
					课外班	同学聚会
11 日	12 日	13 日	14 日	15 日	16 日	17 日
	班委选举				课外班	看望爷爷
18 日	19 日	20 日	21 日	22 日	23 日	24 日
小品彩排				运动会	课外班	郊游
25 日	26 日	27 日	28 日	29 日	30 日	
		参观科技馆			课外班	

　　制订每日、周、月计划的方法特别重要，建议父母要坚持和孩子一起制订，同时要做好监督和支持工作，帮助孩子有效执行。父母可以在和孩子制订计划时，与孩子做好约定，根据孩子执行的情况，孩子每日可以获得 1 ~ 2 朵小红花或者小星星，积累一定数量的小红花或者小星星，孩子就可以换取心仪的礼物，或者实现一个心愿。这样的制订方法会让孩子执行的动力更足。

【小科普】孩子拖拉磨蹭的原因

孩子拖拉磨蹭、没有时间观念的主要原因有以下 3 点：生理原因、行为原因与心理原因。

◆ 生理原因拖延。

大脑前额叶的功能包括记忆、判断、分析、思考和操作。如果孩子的大脑前额叶功能区发育不良或受到损伤，就会出现不能集中注意力，健忘，行动反应迟缓，无论做什么事情都仿佛"慢三拍"的情况。

对于这一类型的孩子，需要医生指导治疗。同时，三岁前是孩子大脑最好的发育时期，要鼓励孩子多运动，比如跳绳、打球和游泳等，刺激孩子脑部和协调功能的发育。

生理原因造成孩子拖拉磨蹭的发生概率比较小，大部分孩子没有时间观念是行为习惯和心理因素造成的。

◆ 行为原因拖延。

行为原因拖延指的是行为习惯性拖延，主要是因为父母没有教会孩子掌握较好的时间管理方法，孩子长期缺乏足够的时间管理训练，缺乏时间观念，缺少计划性，做事没有条理。

如果父母没有对孩子的起床拖延、上学迟到、写作业拖延从小进行有效的调整训练，时间一长孩子就变成了习惯性的行为拖延。

对这一类型孩子的拖拉行为，父母要有意识

地花时间训练孩子的时间管理能力，要事先和孩子做好约定，并使用计时器、做时间计划等方法帮助孩子了解时间的长短，训练孩子的专注力，增强孩子的时间观念。

◆ 心理原因拖延。

父母在和孩子沟通的过程中，如果不太理解孩子，孩子就容易产生逆反心理，他们会利用拖延来逃避内心不舒服的感受，这就属于心理原因拖延。这一类拖延的孩子，往往都有性格比较急躁、期望值高和控制欲强的父母。这一类型的父母可能不太注意孩子的劳逸结合，会限制孩子的娱乐活动，不断催促孩子学习。

面对强势的父母，孩子常常会感到很无助，就容易用拖拉、磨蹭作为隐性的对抗语言，并产生叛逆、抵触的情绪，由此习惯性地强化了拖拉行为。事实上，要想让孩子不抵触父母对孩子时间管理的安排，父母需要理解不同年龄段孩子的心理，做好情绪管理，和孩子进行良好的沟通，与孩子一起制订科学的、劳逸结合的时间计划，父母需要做的是监督、帮助与支持孩子。

3.2 游戏学习法，学习根本停不下来

让孩子爱上学习的方式是激发孩子的求知欲，而不是讲"别人家的孩子"的故事。

⊖ 学习太枯燥，只想逃

在一次育儿讲座上，一位妈妈说她三年级的孩子厌学、逃学，在家不愿完成作业，每次妈妈批评他写作业慢，孩子都会和妈妈顶嘴，甚至用不写作业来对抗。孩子对学习压根儿没有一点兴趣，该怎么办？

孩子对学习是否感兴趣，和父母有直接的关系，聪明的父母有办法让孩子爱上学习，给枯燥的学习设计出"探秘数学之旅""北极熊语文探险""天天说哑巴英语"这样有趣的游戏，激发孩子的求知欲，让孩子爱上学习。

孩子的天性就是爱玩，在游戏中获得乐趣，如果能把学习也变得像游戏一样好玩，哪个孩子会不爱学习呢？学习和乐趣并不是对立的，只要父母用心去引导，就可以让孩子实现玩中学、学中玩。

卡片学习法

每天晚上妈妈和小米在一起享受亲子时光，她们不想因作业而扫兴，于是母女俩开始用卡片的形式边玩、边学、边

培养亲子感情。

| 吃2块饼干 | 做2道计算题 | 吃1个水果 |

| 做个鬼脸 | 用英文说出5种水果名字 | 翻白眼5秒 |

| 收拾书包 | 用1个词造句 | 默写5个生词 | 玩5分钟 |

卡片学习法

游戏目的：帮助孩子在快乐中学习。

道具要求：两张 A4 纸，一支黑色中性笔。

场地要求：在书桌或餐桌上。

游戏时间：每天晚上 20 分钟左右。

时间期限：坚持 30 天。

详细玩法

① 制作卡片：每张 A4 纸平均裁成 8 张卡片。

② 写内容：和孩子一起写有趣的内容，比如做 2 道数学题、默写 5 个生词、吃 2 块饼干、喝 2 口水、吃 1 个水果、翻白眼 5 秒、做个鬼脸、大笑 5 声、说出一个秘密等。

③ 执行内容：像打扑克一样，家长和孩子轮流抽取卡片并执行卡片上所写的内容，如果家长抽到和学习有关的，可以请求孩子帮忙完成，家长可以这样说："宝贝，哎呀，这道数学题太难了，妈妈小时候没学过这道啊，你会吗？你能帮我一下吗？"这样孩子既"帮"家长做了数学题又有自我满足感。

④ 讨论：家长可以问问孩子从游戏中学习到了什么，以及这对学习有什么帮助。

★ 特别提醒

卡片中不能只写和学习有关的内容，还要有和吃喝玩乐有关的内容，否则会引起孩子的反感，导致孩子不愿意配合执行。

积木学习法

小米用牛奶箱中的泡沫做了一个四方体,然后粘上白纸。她称利用这个道具完成的一个游戏为积木游戏。这个游戏不但锻炼孩子的动手能力，还激发了孩子的创造力。

游戏目的：帮助孩子在快乐中学习。

道具要求：一块 5cm×5cm×5cm 的泡沫（大小没有特别要求，只要是正方体即可），一支黑色中性笔，美工刀，胶水。

场地要求：在书桌上或客厅的茶几上。

游戏时间：晚上 20 分钟左右。

时间期限：坚持 30 天。

详细玩法

① 制作正方体：用美工刀把泡沫切割成 5cm×5cm×5cm 的正方体，将一张 A4 纸覆盖在正方体上，并用胶水粘牢。

② 写内容：和孩子一起写有趣的内容，比如躲猫猫 10 分钟、给对方捶背 10 下、一起哈哈大笑、逗妹妹玩 10 分钟、数学游戏 10 分钟、讲一个笑话把对方逗乐、语文游戏 10 分钟等。

③ 游戏规则：家长和孩子玩剪刀石头布，赢的一方抛积木，并按朝上一面的内容执行，家长和孩子轮流投掷，如果家长投到了学习类，可以邀请孩子教家长做完。

④ 讨论：家长可以问问孩子从游戏中学习到了什么，这对学习有什么帮助。

★ **特别提醒**

积木中不能只写和学习有关的内容，还要有和吃喝玩乐有关的内容，否则会引起孩子的反感，导致孩子不愿意配合执行。

鼓励树和彩虹墙

小米妈妈非常擅长用好玩的方式帮孩子爱上做作业，比如为了鼓励小米坚持做作业，妈妈把小米做作业的进步记录下来，贴到墙上，变成鼓励树和彩虹墙。

游戏目的：用可视化的图形帮助孩子在快乐中写作业。

道具要求：一张 60cm×90cm 的挂纸，一支中性笔，3 本不同颜色和形状的便签纸，不干胶带。

场地要求：在客厅的空墙壁上，或者孩子房间的空墙壁上。

游戏时间：每天晚上 10 分钟左右。

时间期限：坚持 30 天，帮助孩子养成良好的学习习惯。

详细玩法

① 画鼓励树或彩虹墙的轮廓：家长引导孩子一起在白纸上画出鼓励树或彩虹墙的轮廓，尽量让孩子动手，鼓励孩子发散思维。

② 上墙：把鼓励树或者彩虹墙贴到客厅或孩子卧室的空墙上。

③ 列清单：回顾孩子一天中值得鼓励的事情，并由家长写在便签上。如果爸爸妈妈因上班，没法看到孩子做得好的一面，可以让孩子描述，家长写上去。

④ 开花：把便签贴到鼓励树或彩虹墙上。

小米妈妈为鼓励小米学习做的"鼓励树"

小米妈妈为鼓励小米学习积极性做的"彩虹墙"

慢慢地，小米在学习中获得了越来越多的积极鼓励，她会把学习和成就感联系起来，一想到学习，就有一种正面、积极的感觉，自然就有了兴趣和动力。

"五星级大酒店"角色扮演

妈妈说："咱们把咱们家想象成一个五星级大酒店，我是小米的专职服务员，小米是我的客人。"

"小米，很高兴为您服务，我是您本次泰国之行的专属服务员，欢迎入住本酒店。我们酒店有个规矩，就是客人必须自己把鞋子放在鞋架上，因为如果我的手弄脏了，就不能干净卫生地为您提供服务了。"

小米听到后微笑着主动去把鞋子放好。

到做作业的时间了，妈妈说："您还有许多公文需要处理，那您是先处理语文、数学，还是英语公文呢？"

小米愉快地回答说："数学吧！"

小米有一个通过视频学习英语的作业，妈妈说："小米，这里还有一个视频会议，需要您去参加！"

小米非常乐意并迅速地完成了英语视频作业。

整个写作业的过程不到半个小时，然后就到了洗澡刷牙的时间。

妈妈说："小米，我们酒店为您准备了温泉 Spa，请随我来。"

最后到了睡觉时间，妈妈说："酒店为您准备了入睡的音乐和故事，请问您需要哪种服务？"

就这样，小米和妈妈在角色扮演中完成了晚上要做的所有事情。

第二天，小米出门上学前，妈妈跟她说了一句"欢迎下次光临本酒店！"

关注微信公众号"妈妈点赞"，回复关键词"趣味学习法"，我们给你推荐八大游戏学习法。

3.3 好好做作业，这里有大招

让妈妈成为一个定时炸弹的最简单方法，就是让她监督孩子做作业。

⊖ 陪写作业误终身

朋友圈里陪孩子写作业的妈妈，发出了下面的种种"呐喊"。

"一写作业就有各种情况，一会儿找削笔刀，一会儿喝水，一会儿尿尿，一会儿喝牛奶，一会儿胳膊被蚊子叮了，总有各种事情，我觉得揍一顿是不是能让他老实点。"

"气死我了！ 10减去2等于3，因为数完了一只手，忘记另外一只手了！"

"陪写作业，老师让10分钟做完50道十以内的加减法，包括写名字。三分钟过去了，他还在把名字写了擦，擦了写。我想吼硬是憋着，快内伤了。"

"此刻的我正光荣地躺在急诊室急救，病因是脑出血，我深刻怀疑就是教孩子写作业弄的，请不要再让我陪他写作业！！！"

"陪儿子写作业到五年级，然后心梗住院啦，做了两个支架。想来想去命要紧，做作业什么的，就顺其自然吧。"

一遇到家庭作业，妈妈们就变成一个个定时炸弹——不写作业的时候母慈子孝，一写作业就鸡飞狗跳。孩子写作业就好像是一个导火索，随时随地可以引爆妈妈这个定时炸弹。

孩子没写完作业，你的反应是哪一种

当孩子跟你说"妈妈，我没写完作业，我明天不想上学了"，你会怎么回应呢？我们来看看不同类型家长的反应吧。

（1）严厉型家长

"不写完作业就不许睡觉！不许睡觉！不许睡觉！"

"不许一边写作业一边玩儿，从明天晚上开始不准看电视！"

"你今天晚上要是写不完作业，看老师明天怎么收拾你！"

严厉型家长爱之深，责之切。但如果孩子只是因为害怕父母责备，就立刻改变自己的行为，内心有可能对写作业越来越抵触，久而久之，孩子甚至有可能厌学。

（2）骄纵型家长

"看起来你真的写得挺累了，要不你先去睡觉吧，等一会儿，妈妈帮你写。"

"妈妈说一句，你写一句。这样能早点儿睡觉。"

"明天早上，妈妈给你请个假，你在家写完再去学校。"

孩子会觉得很意外很开心，然而下一次再遇到写作业的问题的时候，他有可能还会推脱给家长，家长则要问问自己："写作业到底是谁的事儿？"

（3）理智型家长

"妈妈知道写不完作业一定很着急。一想到明天老师还要检查作业，是不是有点儿紧张？妈妈小时候写不完作业也会有这样沮丧的感觉，我很理解。"

"今天确实太晚了，你看一下还需要多长时间才能写完作业？你是想今晚写完作业，还是明天早起1小时写作业？"

"妈妈看了一下，还有1个小时到睡觉时间，你准备怎么安排你的作业时间呢？"

"还有一点儿时间，你是想先写比较难的英语作业，还是比较容易的语文作业？妈妈在旁边，你需要的话，我在9

点前可以给你提供帮助。"

　　理智型家长给孩子的建议是清晰、具体、可执行的，这样孩子才能够学到解决问题的方法。把孩子做事的权利还给孩子，孩子逐渐就能发展出独立思考的能力。

四步帮孩子养成按时写作业的好习惯

　　关于孩子写作业，家长心中都有一个这样的灿烂图景：孩子一回家就主动开始写作业，不看电视，不玩游戏，一口气把作业全部完成，自己认真地检查一遍，确保没有错误，家长只需要在作业登记本上面签一下名就可以了。

　　打住，请醒一醒，这是白天啊，别做梦了！

　　这才是现实：孩子回到家，把书包往旁边一扔，看半个小时电视，开始玩游戏。家长一遍一遍地催促："先写作业，再看电视！"孩子仍然我行我素。拖拖拉拉，好不容易开始写了，两个手又不闲着，玩玩橡皮，抠抠书本，发发呆，半个小时可以写完的作业一拖就是一个多小时。潦潦草草写完，也不检查，家长一看——十道题错八道！

　　孩子和大人对重要的事情排序不同。家长以为写作业是件非常重要的事情，必须放在玩之前；而对于孩子来说，玩才是最重要的事。小学一年级，孩子刚刚开始写作业，家长的期望值不能太高，我们得承认孩子有可能会拖拖拉拉，有可能想先玩。孩子愿意玩 20 分钟再开始写作业，这是很正常的，也是可以接受的。

　　培养孩子按时写作业的习惯，比让孩子对作业感兴趣更重要。

习惯并不是天生就有的，按时写作业需要的时间管理能力、专注能力、学习能力，都需要时间慢慢培养。家长千万别认为孩子到了一定年龄就会自然养成好习惯了，要创造条件培养孩子的这些习惯。下面介绍四步法让孩子自主写作业。

第一步：先观察习惯，再做计划

一位二年级男生的爸爸说："每当看到孩子写作业拖拉、不按时复习，我就气不打一处来。我给他做了一个好好写作业的计划，等下班回来看到孩子还是没完成作业，我真想揍他。"

一位三年级女孩的妈妈说："眼看着就要期末考试了，孩子数学成绩不好，语文很多生字词还不会默写。我上班累了一天，晚上到家还要盯着孩子写作业，每天晚上孩子都磨磨蹭蹭写到很晚，还和我谈条件，根本没有按和我约定的学习计划执行，真是让我身心俱疲。因为这事我打过孩子几次，打完当天好很多，第二天又反复，总之没有明显效果，我该怎么办？"

大部分学习计划都是由家长主导的，具有强制性，孩子觉得很枯燥，不想执行。制订写作业计划是有步骤的，一开始家长需要先观察孩子写作业的习惯，然后根据孩子的能力，跟孩子共同商讨写作业计划。

有的孩子很自觉，会自觉执行写作业计划，也有些孩子会采取破罐破摔的态度——我就不写，你能拿我怎么办？在制订写作业计划之前，家长可以花一个星期来观察孩子写作业的习惯。孩子需要多长时间来完成作业？孩子会在什么时间完成作业？

你可以告诉孩子观察到了什么——"我注意到你每天晚上都要等到吃完饭才开始写作业。""我注意到你写作业会持续一个小时不休息。"

接下来，跟孩子一起制订写作业计划："你觉得从什么时候开始写作业，才能在晚上 9 点钟之前全部完成？"这个惯例当中可以包括一份作业的清单，用表格写上语文、数学、英语、科学等，让孩子养成一个习惯，每写完一份作业就可以在相应科目的前面打上一个勾。

第二步：习惯养成前，请温柔陪伴

在孩子开始执行写作业计划时，需要家长陪同。但家长监督孩子写作业时，如果像警察看管犯人一样，时刻盯着孩子有没有犯错，那么孩子反而会产生抵触情绪，造成计划难以执行的后果。

这个时候家长要先学会理解孩子——计划在执行的过程中肯定会遇到很多困难，孩子容易产生畏难情绪，这是正常的，毕竟他还只是个孩子。这时就要用"理解—认可—解决方法"的路径疏导孩子的情绪。只有孩子情绪好了，态度积极了，学习、做事才会更加高效。

"妈妈看得出来，你现在有点儿沮丧和难过，是因为这道数学应用题，你用好几种方法解题，最终答案都是错误的。"（**理解**）

"每个人都有生气的权利，妈妈理解你。"（**认可**）

"你愿意到楼下散步消消气，还是听听音乐平复一下情绪呢？"（**解决方法**）

孩子得到理解之后，会很快恢复平静，再次投入专注写作业的过程中。

第三步：抓住小进步，常为他打气

想让孩子坚持按时做作业，就要多给他正面的、积极的肯定。有的父母说：我也想夸孩子，可是我家孩子根本没有可夸的地方，全是问题。父母要善于发现孩子一点一滴的进步。可以这样肯定孩子：

你今天按约定复习了语文和数学！

你今天提前 2 分钟完成复习！

你比昨天多写了 5 个汉字！

孩子写作业磨蹭，昨天用了 1 个小时才写完，今天用了50 分钟，这就是进步。给孩子指出他的进步，告诉他：妈妈看到了你的进步。问问他是怎么做到的，这么做的时候有什么感受。哪怕只是一点点进步，也要及时抓住它，给予强化和鼓励。

如果孩子刚开始没能很好地实施计划，家长也不要太着急，一点点进步，针对孩子有错误的知识点，多次重复，换花样练习。

当孩子遭遇挫折的时候，父母一定要告诉孩子曾经的失败并不意味着永远的失败。过去可以决定现在，但不能决定未来。过去失败了，也不代表未来就要失败。只要心中有目标，就可以实现梦想。

每个孩子都有一定的意志力，只是强弱不同，培养孩子的坚持性，就要从小到大，从易到难。当孩子能够通过克服困难完整地完成一件事情的时候，就具备了足够的坚持性。压力是冲向成功的终点的动力。但是，在孩子成长的过程中，父母一定要注意不要给孩子过大的压力，因为这样容易把孩子压垮。

第四步：能力养成时，带着爱放手

当家长观察到孩子已经非常熟悉自己的作业清单和规律了，就可以不再全程监督。跟孩子说："妈妈会每隔半个小时，来看你是否需要帮助。同时，你需要帮助的时候，可以告诉妈妈。"

家长一开始就完全放手，会让孩子不知所措，因为这个时候，孩子还没有形成良好的习惯，能力也没有培养起来。但是，家长从小学一年级一直到六年级都盯得死死的，也是有问题的。这样家长不仅很累，也无法培养出孩子独立完成作业的能力。当家长观察到孩子的能力有所提升时，可以逐步放手。

【小工具】小熊吹泡泡学习计划

小熊吹泡泡

语文5分钟	数学5分钟	英语5分钟	语文5分钟	数学5分钟
(　　)	(　　)	(　　)	(　　)	(　　)
英语5分钟	语文5分钟	数学5分钟	英语5分钟	语文5分钟
(　　)	(　　)	(　　)	(　　)	(　　)
数学5分钟	英语5分钟	语文5分钟	数学5分钟	英语5分钟
(　　)	(　　)	(　　)	(　　)	(　　)
语文5分钟	数学5分钟	英语5分钟	语文5分钟	语文、英语、数学各5分钟
(　　)	(　　)	(　　)	(　　)	(　　)

规则：完成一个在(　　)里画一个〇　　　最后一个(　　)里画一个♥

游戏目的： 帮助孩子在快乐中学习、复习。

道具要求： 一张 A4 纸，一支黑色中性笔，红黄蓝三色彩笔，不干胶带。

场地要求： 在孩子房间书桌前的墙壁上或床头边。

游戏时间： 每天晚上 20 分钟左右。

详细玩法

第①步：画表。

家长引导孩子一起在白纸上画出 4 行 5 列共 20 个格子

第②步：列项目。

孩子画好格子后，家长引导孩子思考：你每天需要怎么安排学习，既能掌握又能记住知识点，还有更多的时间去玩？请孩子思考后，在格子里写上需要学习或复习的内容，语文、数学、英语，以及每门课学习的时长，不同的家庭、不同的孩子，可以列出不同的时长。

第③步：画泡泡。

每晚按要求写完作业之后，这只小熊会"吹"出一个泡泡。在当日的括号里画一个泡泡，表示完成。

第④步：庆祝。

如果孩子按要求完成 30 天的复习或学习，请在最后一格画上爱心，家长要满足孩子一个小小的愿望。

★ 特别提醒

孩子在列出每天每门课学习多长时间时，家长尽量给一个有限选择，例如，10 ~ 15 分钟一门课，孩子自己选择时间，如果时间短，家长可以引导孩子做游戏，仍然可以达到学习的效果。

这样就可以让孩子在快乐中学习。孩子每次看这张纸都会有满满的成就感和进步感。家长可根据孩子的情况，带着孩子一起发散思维，制订符合自己孩子的学习计划。

关注微信公众号"妈妈点赞"，回复关键词"做作业"，我们给你推荐更多妈妈培养孩子爱上写作业的好文章。

3.4 学霸们都在用的撒手锏——用好错题集

⊖ 听说错题集很有用

瑶瑶妈妈最近很苦恼，这次期中考试，瑶瑶居然排班级第 43 名（全班 54 人）！

瑶瑶很粗心，出门经常忘记带东西，上学经常忘记带作业，这些也就算了，最令人生气的是，每次考试，明明全部题都会做，但总是犯粗心的毛病，把加号看成减号，把 5 看成 3，甚至明明算对了答案，写的时候一走神又写错了！每次考试都是这样，白白丢掉了好多分。

每次考砸了，瑶瑶都会说："这次考试粗心，其实我都会做，下次一定做对！"但是，在下一次考试中，还会粗心犯错误。

开家长会时，班主任强烈建议学生要准备错题集，并说了错题集的很多好处，其中最重要的一点是，可以提分！

瑶瑶妈妈像找到了一根救命稻草，期待着学期结束时孩子的成绩有明显提升。殊不知，到了期末，瑶瑶还是老样子！一问班里几个和瑶瑶成绩差不多的孩子的家长，原来大家都有共同的苦恼。

有的家长说："我家孩子这一学期成绩没明显进步，刚开始他自己抄写错题，后来孩子不愿意再抄写，于是我抄写让孩子再重新做一遍，抄了他平时也不看，只在考试之前看一眼，考试时依然会错。"

还有的家长说："一看到我家孩子的成绩我就火冒三丈，很多题目不是不会做，而是太粗心，我为了能让她长记性，错一题就惩罚她在错题集上抄 10 遍，后来一提到错题集她就强烈反抗，最终放弃了错题集。"

错题集没有用，是因为你不会用

只抄不学，水流瓦背

孩子只是抄写了错题，按老师提供的正确答案写一遍，并没有分析错题的原因，不知道为什么错，也没有举一反三，所以根本无法避免类似错误。

瑶瑶又做错了这道题：小朋友排队领面包，从前面数天天排在第 3，从后面数天天也排在第 3，问：这一组总共几个人？

瑶瑶写的答案是：3+3=6 人（X）

妈妈看到瑶瑶的试卷上扣掉的 10 分，很是生气。再翻翻瑶瑶的错题集，傻眼了。错题集上瑶瑶根据老师的讲解，工工整整地写了 3+3-1=5 人。

这说明，瑶瑶只是抄了题目，抄写只是一个机械动作，没有理解解题思路。这就导致她会屡次犯同样的错误。

临时抱佛脚，仅在考试前看

孩子没有理解为什么要用错题集，抄完之后一扔了事、束之高阁，待考试前才拿出来看看，这样并不能真正理解考查的知识点，如果考试时题目稍加变动，还是会做错。

还是上次那道题，题目变换了一下数字：小朋友排队去游乐场，从前面数你排第 6，从后面数你也排第 6，问，这组排队的小朋友有多少？

瑶瑶这道题又错了：6+6=12 人（X）

成了惩罚手段

瑶瑶看错了题目，把加法看成了减法，妈妈为了让她长记性，惩罚她抄了 20 遍题目。瑶瑶边抄边哭，从那以后开始讨厌上数学课，成绩也开始下滑。

做错题集不是为了记录错题，而是为了消灭错题。 为了让孩子加强记忆，让孩子抄很多遍错题加以惩罚，这让孩子一提到错题集就联想到惩罚，容易产生逆反心理，错题集就失去了它的价值。

内容只加不减

如果孩子能做到天天看错题集，很快就会发现有些知识已经掌握，这时就需要把已会的内容移除。

瑶瑶做的错题集，很精美，很工整，密密麻麻的，但是瑶瑶一看这么多题，根本看不下去。如果妈妈催得紧，她就拿过来应付一下，看两眼。这样的效果自然不好。

错题集里的题目有的记得快，有的记得慢，不熟悉的题混在已经熟悉的题里，很容易产生"这题我会了"的错觉。错题集里应该只留下还没完全搞懂、没有完全记住的题目，确保每一次翻开错题集都能加深学习。

错题的本质原因不是粗心，是知识掌握不到位

家长总以为孩子做错题目是因为粗心，但更多情况下，是因为知识掌握不到位。

"简单的，不该错的，考试错了"——说明不是很熟悉相关知识。

"原本会做的，考试做错了"——说明不清楚基本概念。

"审题错了，不是不会做"——说明审题准确率不高。

"没审完题，结果做错了"——说明耐心不够。

怎样才能让错题集发挥作用？我们推荐大家一起来了解建立错题集的"四个步骤"。

◆ 第一步：评估错题。

什么样的错题需要做错题集呢？如果错题是在知识的理解和掌握上出的问题，那必须要做错题分析。如果此题是因为一时未注意，如题目未读懂、做题时未理解题目等，也要做错题分析，此类错题是对自己的一种警示。

例如：把 69+13，看成了 69-13。

◆ 第二步：整理题目。

把错题抄在错题集上，抄的过程本身就是再次对错题进行理解和分析的过程。当然，我们也可以把错题的题干直接用剪刀剪下来粘贴到错题集上，这样就能节省不少时间。不

论以哪种形式呈现题干，一定要对题干进行再阅读、再理解，不然达不到预期效果。

例如：将属于运算的题目整理到一类，阅读理解的题目整理到另一类。

◆ **第三步：解读错题。**

解读错题是整理错题集的关键步骤，错题的错误答案一定要写在错题的下面，一般就用铅笔书写，但同时要用红笔对其进行错题标记，就像老师改卷一样。写完错误答案后，要回顾自己在做题时错误的形成过程，在旁边写上关键词，主要是说明为什么会做错该题。接下来要认真整理老师对该错题的解题分析过程，达到解决一题即是解决一类题的目的。

在整理错题时，要留下一定的空白，为后续加工留下空间，下次遇到相同或相似题型时写下老师的讲解和自己的感悟。

◆ **第四步：常读常新。**

整理错题集不是把做错的习题记下来就完了。要经常在空闲时间，拿出错题集浏览，或者把错题再重做一遍，这样就能使每一道错题都发挥出最大效果，在今后遇到同类习题时，会立刻回想起曾经犯过的错误，避免再犯。

如果确实已经彻底掌握了，可以做个标记，在题号前或者题号上画"叉"或者画个"圆圈"，再看的时候可以略过这些做了标记的题目，以免耽误时间。

俗话说，吃一堑，长一智。如果孩子们能从做错的题中得到启发，从而不再犯类似的错误，成绩就能有较大的提高。如果各科都建立错题集，这样经常温故知错、持之以恒，成绩肯定会提高不少。

✏ 【小工具】错题集模板

日期： 来源： 所属知识点： 原因分析： 1. 概念模糊　□ 2. 思路错误　□ 3. 运算错误　□ 4. 审题错误　□ 5. 粗心大意　□ 其他原因：	原题和错解： 正解和分析：

　　关注微信公众号"妈妈点赞"，回复关键词"错题集"，我们给你提供更多的错题集模板。

第4章

培养心理阳光的孩子

阳光的孩子，他爱笑，因为心里有阳光；他爱跑，因为身体有能量。

4.1 孩子的心也有晴雨天

😊 考砸了，心里阳光的孩子这样想

期中考试，小米和瑶瑶的英语都没有考好，只拿了 70 多分。

英语老师给她们两位的英语试卷上都标注了"英语成绩最近退步很多，不太认真"。

小米看了英语卷子的成绩及老师的评语，有些难过。但是她心里知道，难过也解决不了问题，应该花时间想办法提高自己的英语水平，另外还可以寻求爸爸妈妈的帮助。想到这里，她逐渐平静下来，继续认真听后面的课程。

小米回家把考试成绩告诉妈妈，妈妈看了英语老师的评语，然后说："最近你在英语方面的学习的确放松了一些，咱们一起想想，如何通过后面的努力，提高英语成绩。你也想想有什么好方法。"小米想了想，她先检查了英语考卷中的错题，再把这些做错的题改正，并回想当时出错的原因，把出错原因和修改方法都写在了"英语错题集"上，方便自己以后重点复习。此外，妈妈还帮助小米一起做了接下来的英语学习目标和计划，希望期末英语考试能有所提高。

第二天，小米把"英语错题集"及英语改进计划告诉了英语老师，英语老师觉得小米做得非常好，就表扬了小米，并告诉小米如果有困难可以告诉老师，老师也会帮助她。小米严格按照英语学习目标和计划执行，终于在期末考试中取得了好成绩。这一次经历让小米学会思考："当我们遇到坏事情，自己首先不要慌张，而是要静下心来分析问题，找到问题的解决方法，才可以帮助自己提升！"

而瑶瑶拿到英语试卷，看到老师的评语以后，顿时大脑一片空白，她心想："完了完了，回去又要被爸爸妈妈批评了。"接下来的几节课，瑶瑶脑子里都在想如何向爸爸妈妈汇报，上课就无法集中注意力。

回家以后，果真，爸爸妈妈看到英语试卷以后，非常生气，轮流训斥了瑶瑶："让你好好学，就是不努力，看吧，被老师批评了，多丢人！"瑶瑶被爸爸妈妈训斥以后，心情越来越不好，学习也打不起精神。后来，每当她看到英语字母，眼前就浮现出英语老师的那段评语。渐渐地，她对英语的学习产生了畏惧和厌烦的感觉，英语成绩就再也没有提高过。而且，瑶瑶在后来的成长过程中，每次遭遇失败，她的抗挫折能力与自我激励能力都比较弱，经常会陷入悲观的情绪当中，难以自拔。

以上是小米和瑶瑶面对相同问题时心理、情绪和行为的不同反应。作为父母，都希望培养心理素质好的孩子，那么如何了解孩子当下所处的心理状态呢？

一张表教你判断孩子的心理状态

下表是孩子遇到五种情况时的不同心理表现，父母可以参照此表，了解孩子处在哪个心理状态。

案例	阴雨绵绵	乌云密布	多云间晴	阳光灿烂
孩子玩手机游戏超过约定时间，耽误做作业和吃饭，爸爸严厉地批评孩子	孩子受到批评，非常生气，嘟着嘴，委屈地大哭，赌气不吃饭、不做作业	孩子知道自己错了，委屈地小声哭泣，难过得吃不下饭，做作业也心不在焉	孩子说："爸爸，我忘记时间了，下次我会注意的。"然后开始吃饭、做作业	孩子马上说："爸爸，我忘记时间了，您别生气，我马上吃饭，一会儿把作业补好。"然后马上吃饭、做作业

续表

案例	阴雨绵绵	乌云密布	多云间晴	阳光灿烂
老师夸奖孩子画的画很有想法和创意	孩子心里想："我知道自己画画水平一般，老师为了让我坚持才鼓励我的。"	孩子心里想："我这张画还凑合，不算太好，比以前画的稍微好点。"	孩子心里想："我这张画画得真是不错，好开心！"	孩子心里想："太好啦！我也觉自己画得很用心，有很多想法在里面，的确不错，谢谢老师的鼓励，下次我要画得更好！"
学校管乐团的选拔竞争激烈，孩子没有被选上	孩子抱怨："妈妈真讨厌，偏要我参加！太丢人了，下次我再也不参加这种选拔活动了！"	孩子很难过："唉，就这样吧！我就是来试一试，看来我的水平不够格。"	孩子心态比较平和："这次选举本来就很激烈，选不上很正常。"	孩子心态比较积极："好遗憾没选上！我这次没有好好准备，时间不够，方法不对。我要总结经验，好好准备，下次选拔争取能够被选上，加油！"
孩子近视300多度，治疗时，医生要求不玩或少玩手机游戏	孩子不能接受，很难做到，经常因为玩手机的事情和父母吵架	希望父母每天给30分钟玩手机，经常超时，遵守得不太好	和父母沟通，每周玩一次，每次20分钟，基本能做到	孩子能意识到电子产品对眼睛的伤害，同意不再玩手机游戏，很配合医生
孩子英语考试的成绩不太理想，父母建议给孩子找一个大学生家教辅导他	孩子很生气，坚决不同意，让父母不要管，自己想办法	孩子勉强同意，但不是很配合，家教老师来了也爱理不理	孩子比较同意父母的建议，家教老师来了以后，孩子和家教老师相处不错	孩子很感谢父母的支持，和父母一起去面试家教老师，选出最合适的。和家教老师相处得很好，学习有进步

　　从上表来看，如果孩子大部分时间处于"多云间晴"或者"阳光灿烂"的心理状态，说明孩子的心理健康程度比较

良好。如果孩子大部分时间是"阴雨绵绵"或者"乌云密布"，说明孩子的心理健康程度有待提升。一般来说，心理阳光的孩子在情绪稳定、自信力、抗挫能力、自控力、不叛逆、感恩等方面会有比较亮眼的表现。

◆ 情绪稳定，能辨识自己与他人的情绪，善于表达自己的情绪，能够管理好自己的情绪。

◆ 自信力，懂得认可与欣赏自己的优势，能接纳自己的不足，欣赏而不是嫉妒别人的特长与优势，有足够的自信心。

◆ 抗挫能力强，当遭遇校园霸凌、失败等挫折时，心理阳光的孩子懂得保护自己，能够积极乐观地面对，主动找方法去有效解决，身心恢复能力较快。

◆ 自控力强，为了追求更大的目标，能经得起眼前的诱惑，能坚持耐心等待，懂得约束自己的行为，不容易因为冲动任性做出失去理智的行为，能够在学业方面有较好的表现，更容易获得他人的尊敬和欣赏。

◆ 不叛逆，能与父母、朋友友好相处，不唱反调，容易沟通。

◆ 感恩，比较善解人意，有责任心，会是一个值得信赖的人。

挫折是人生的常态，重要的是遇到挫折以后用什么心态去面对。心理阳光的孩子有能力去迎接风风雨雨，面对生活中的各种困难，也能在社会中找到最适合自己的位置。

4.2 红绿灯法：
拽出身体里的情绪小怪兽

对孩子伤害最大的人，不是控制不住情绪的自己，而是控制不住情绪的父母。

🔵 失控的情绪

黄金周的游乐场，每一个热门游戏设备前，都排着一长排异常兴奋的孩子，和一长排死命拉着孩子不让他往前冲的爸爸妈妈。

看全亚洲第一的 5D 电影，坐飞上云霄的海盗船，乘独木舟穿过原始森林，大口大口地吃冰淇淋和炸鸡腿——这简直是每个小朋友的天堂啊！

这样的声音此起彼伏——

"妈妈我要再玩一次！"

"爸爸我要骑在你脖子上！"

"宝宝千万要拉住妈妈的手！"

"宝宝不要跟陌生人走哦！"

到了傍晚，许多爸爸妈妈开始拖着疲惫的身体，准备回程。这时，各个角落出现了在地上打滚要赖不肯回家的小朋友，哭声震天——

"我不要回家不要回家！"

在游乐场、在商场里、在上学时，我们经常能遇到孩子负面情绪爆发的场景，看着他们一秒从天使变成愤怒的绿巨人。爸爸妈妈在单位应付考核指标、领导压力已经很不容易了，看着自家的"小怪兽"，更免不了不知所措、失去耐心，进而情绪失控。

好吧，你怒我也怒！

很多父母会忍不住也释放出自己的情绪"大怪兽"，采取"以怒制怒"的沟通方式，压制孩子激动的情绪，最后来一场"鸡飞狗跳"。

面对孩子的负面情绪，你是哪一种家长

已经过了晚上约定的睡觉时间，但威威坚持要把老师布置的科学小作品做完再睡，爸爸妈妈催了好几次，科学小作品还是没做完，威威又困又着急，情绪激动地大哭起来。如果你是威威的爸爸妈妈，你会怎么做呢？

① "威威，说好了9点半睡觉，现在已经10点了！不管你怎么哭，不许再胡闹了！现在马上给我上床睡觉！再不睡，信不信我揍你？"爸爸生气地训斥威威，一副要揍威威的架势。

② "好了好了别哭了，你哭得妈妈心都要碎了。那你就慢慢做完再睡吧。"妈妈看到威威大哭起来，赶快跑来安慰威威。

③ ……（看到威威大哭，爸爸妈妈不予理睬，沉默不语。）

④ "妈妈理解你，威威哭是因为想把老师的作业做好对不对？妈妈看到威威只剩下最后一个步骤了，大概用半小

时就可以做完对吧？现在有点晚了，我们明天早上提前半个小时起床，把小作品做完好不好？威威同意的话，明天你就不可以赖床了，闹钟一响，你就要自己起来刷牙、洗脸、穿衣服，然后把小作品做完，好不好？"

以上是 4 种最常见的父母类型，每种类型父母在面对孩子负面情绪时，会有不同的表现。

① 压制型父母，认为孩子的哭闹是无理取闹，为了让孩子尽快结束哭闹，喜欢用"以怒制怒"的方法去压制孩子的负面情绪，甚至会动手教训，强压孩子服从。这样的孩子会产生逆反心理。

② 满足型父母，非常在意孩子的情绪，不愿意孩子不高兴，看到孩子大哭很心疼，想方设法满足孩子，尽快让孩子高兴起来。这会让孩子越来越难哄，很难有规则意识。

③ 忽视型父母，不在意孩子的情绪状况，采取视而不见的方式冷落孩子，让孩子自行处理自己的情绪。这样的孩子往往会缺乏足够的安全感，认为父母不重视自己的感受。

④ 沟通型父母，能站在孩子的角度，理解孩子此刻情绪激动，懂得要给予孩子足够的调节时间，帮助孩子尽快平复心情，再和孩子沟通解决方法，最后让孩子自愿执行。这种沟通方式可能一开始很慢，但慢慢地孩子就能学会管理情绪。

学会"红绿灯法"，做好负面情绪管控

当孩子出现负面情绪和行为时，父母要清楚地意识到，这种负面情绪和行为的出现，是一次可以帮助孩子提高情绪

能力的绝好机会。要珍惜这个机会，帮助孩子提高他对情绪的认识，未来出现类似情况时，孩子就会有处理经验。下面分享一个比较简单又很实用的情绪管理三步法——"红绿灯法"。

"红绿灯法"代表的是情绪管理的 3 个步骤：一是"红灯"停，二是"黄灯"想，三是"绿灯"行。

"红灯"停的意思是先让自己的行动暂时停下来，辨别自己当下的情绪，运用深呼吸、数颜色或者数数等方法平复自己的心情。

"黄灯"想的意思是提出或想出几种可供选择的解决方案。

"绿灯"行的意思是采取合适的解决方案开始行动。

第一步："红灯"停——"小怪兽"，停一停

情绪管理的第一个步骤是红灯"停"，这是情绪管理中最重要的部分，也是父母和孩子最难做到的地方。孩子情绪激动、哭闹时，父母要理解——孩子当下的情绪是正常的，每个人都有喜怒哀乐，不要总想着教训和批评孩子。孩子越激动，父母越需要冷静，因为孩子这时候需要理智的父母帮助他，而不是失去理智的父母来激化矛盾。

威威在街上又发脾气了，妈妈停下了脚步，跟他说："妈妈不走了，蹲下来陪你，等你感觉好了，我们再离开。"

威威哭了很久没说话。妈妈静静地陪伴着他，看着橱窗里自己的倒影，慢慢深呼吸，还数了一个超级难的质数数列——2、3、5、7、11、13……

当妈妈数到107时，威威被妈妈平静的状态感染了，情绪慢慢平静下来，抽泣着说："妈妈，我身体里有'小怪兽'，一直出不来。"

妈妈想了想说："我有办法了！你把你的嘴巴张开，我帮你把情绪拽出来。"

"啊……"

妈妈用手在他嘴巴前做了一个拽的动作。"妈妈要很用力很用力使劲拽哦，怎么样，好点了么？"

"啊，拽出来了？"

"是哦，拽出来了呢，那我们要怎么处理呢？把它扔到下水道好不好？"

"好！"

"现在扔出去了，你觉得好点了么？"

"好了，现在我好了！"

抓出身体里的"情绪小怪兽"已经成了威威和妈妈之间的小小默契，不只是妈妈帮威威抓出这个"小怪兽"，看到妈妈不高兴，威威还会主动说："妈妈，张开嘴，我帮您把'情绪小怪兽'抓出来。"

第二步："黄灯"想——"小怪兽"，你想去哪呀？

情绪管理的第二个步骤是"黄灯"想，意思是理智地思考问题，找出可供选择的解决方案。情绪波动逐渐缓慢下来，就可以理智地想问题——

为什么会生气？

为什么不开心？

为什么会大哭？

接下来我该做什么？

我该如何改变此刻的心情？

在"想"的过程中，父母也可以帮助比较小的孩子想出2～3个处理方法，供孩子进行选择。对于低龄孩子来说，选择题比问答题更适合他们。

小米想看电视，妈妈会问："小米，你想看 20 分钟还是 30 分钟？"

小米说："30 分钟。"

妈妈拿来时钟让小米看现在的时间，然后问她："30分钟以后是几点啊？"

小米说："30 分钟后是 8 点半。"

妈妈会说："小米太棒啦！已经会看时间了！那我们约好了看 30 分钟，我们开始计时哦！"

30 分钟到了，闹钟的计时器音乐声响起，妈妈提示说："小米，时间到啦！"

小米尽管有些不舍，但也马上遵守了和妈妈的约定。

又比如睡觉，妈妈也会征求孩子的意见："小米，专家说，小朋友晚上9点半之前上床睡觉比较好，你希望9点睡觉还是9点半睡觉呢？"毋庸置疑，机灵的小米肯定会选择9点半睡觉的。

第三步："绿灯"行——用合适的方法解决问题

情绪管理的最后一个步骤是"绿灯"行，意思是按照选择的方法开始行动。孩子在理智的状态下选出的解决方法会比较可行，也会更乐意执行。

威威不肯上学，也不肯穿上鞋子出门，大哭大闹。妈妈叫停了自己即将爆发的情绪，和威威拥抱了一分钟，直到威威停下来不哭。

妈妈温和地对威威说："现在到了该上学的时间了，如果你不想穿鞋，妈妈可以把你的鞋放到书包里，我抱着你下楼。你可以到了学校再穿鞋。那你是想现在穿上鞋，还是到学校再穿鞋呢？"

"我现在不要穿。"

"好，那我现在帮你放到书包里。"

到了门口，他小声说："我不要光着脚。"

"哦，你不想光着脚，那我们现在穿上鞋也可以。"

"可是我不想穿那双绿色的鞋。"

"哦，原来你不想穿那双绿色的鞋，你想穿这双蓝色的吗？"

威威点点头，于是穿了新的鞋子下楼，没再哭闹，顺利地去上学了。

微案例：孩子在商场大哭大闹要买玩具

爸爸带天天逛超市，天天每每看到爱吃的零食或者喜欢的玩具，就让爸爸买，爸爸不同意，天天就吵吵嚷嚷，情绪激动，大哭大闹。以前遇到这种情况时，爸爸很容易被激怒，有时会忍不住当场就打天天。后来爸爸学了情绪管理"红绿灯法"，这种情况就减少了很多。

天天爸爸用"红绿灯法"处理自己的情绪。

红灯——在愤怒情绪起来之前，天天爸爸先"停"，比如深呼吸，暂停自己激动的情绪；

黄灯——接下来动脑筋"想"，想出解决孩子问题的几种方法；

绿灯——最后"行"，选出最优的方法，付诸行动。

天天爸爸处理好自己的情绪以后，再用"红绿灯法"应对天天的情绪。

"红灯"停——爸爸用平和的语气和天天沟通："天天，因为爸爸不给你买零食和玩具，你不高兴是吗？你先试着用爸爸之前教你的'红绿灯法'平复一下心情，你的身体里现在有'情绪小怪兽'，我先帮你把'情绪小怪兽'拽出来，我们再想怎么解决，好吗？"

"黄灯"想——等孩子的心情稍微平静以后，再告诉孩子："我们出门前有过约定，今天只能买一样东西，最好是健康食品，或者玩具，你可以自己挑选，好吗？"

"绿灯"行——根据约定，天天选择去买食品或者玩具。

情绪是智力杀手，孩子有多大情绪，就会失去多少智商。教孩子最大的本事，就是能管理自己的情绪。

小练习：父母情绪自测表

父母可以根据孩子的行为表现，测试自己的情绪级别（指数：1 代表"基本不"，2 代表"有点"，3 代表"非常"，4 代表"最高级别"）。

序号	孩子的行为	父母的情绪反应	指数
1	孩子超过约定睡觉时间 30 分钟	着急	
2	带孩子逛街，孩子想要很多东西	生气	
3	孩子在学校比赛中得奖	开心	
4	孩子做作业拖拉、磨蹭	着急、生气	
5	孩子感冒生病	着急、难过	
6	孩子学习有进步	开心	
7	孩子和小朋友打架	生气	
8	孩子经常丢东西，比如红领巾	生气	

父母可以根据上表对自己的情绪进行自测，如果打分是 3 和 4，说明现在的情绪处于负面及波动的状态，需要引起注意，并进行情绪调整。

关注微信公众号"妈妈点赞"，输入关键词"情绪自测"，我们有一组辨别孩子情绪的小测试，来试试你是不是有观察力的家长吧。

4.3 "乐观 DAD"方法教会孩子抵御"抑郁"

乐观的父母往往可以培养出乐观的孩子。别忘了，你的情绪会影响你的孩子一辈子。

🌑 这两种妈妈与孩子的沟通模式，哪种能培养乐观的孩子

看问题乐观还是悲观，孩子是受父母影响的。

妈妈带孩子出门，把手机落在出租车上了。

第一种妈妈说："该死，这种倒霉的事总是发生在我身上，我真懒，每次下车，我都不懂得检查一下我的座位，我真是笨死了！"

第二种妈妈说："妈妈今天下车忘记检查座位，把手机落在出租车上，这样的做法不对。我要吸取教训，每次下车前要检查座位，还要向司机索要出租车票，希望以后我能避免类似事情的发生，你也要记住哦。"

在孩子的成长过程中，如果父母常常使用第一种沟通模式，那么孩子遇到问题时，会习惯用悲观的方式去应对，对自己没有自信，总觉得自己什么都做不好。

如果父母经常使用第二种沟通模式，孩子习得以后，看

待问题会更加乐观，遇到困难也会很快重整旗鼓。

一个小场景测出你家孩子是乐观还是悲观

如果你不知道自家孩子对事物的评价风格是乐观还是悲观，可以参考下面这些常见的小场景找找答案。

◆ 考试没有考好，我被老师批评。

悲观风格：我这次没考好，老师对我很失望，老师以后不会喜欢我了。

乐观风格：老师批评我，说明重视我，我要继续努力哦。

◆ 爸爸不给我买喜欢的玩具。

悲观风格：爸爸对我不好，不够爱我，我好难过。

乐观风格：我最近买的玩具有点多，圣诞节我再让爸爸买吧。

◆ 同学把零食分给大家吃，没分给我。

悲观风格：同学真小气，我以后有好吃的也不给他。

乐观风格：估计是同学的零食不多了，不够分，或者是小朋友太多了，他忘记分给我了。

◆ 我把好朋友借我的书弄丢了。

悲观风格：真讨厌自己丢三落四，好朋友知道后，肯定会生气，不喜欢我了。

乐观风格：我要向好朋友道歉，再用我的压岁钱买一本还他，相信他会原谅我的。

"乐观 DAD"方法教会孩子乐观

心理学家研究发现，在失败挫折发生时，悲观的人比乐观的人患抑郁症的概率要高出 8 倍。乐观可以教会孩子在遭遇困难和失败时，学会与自己对话，进行自我激励。著名心理学家张怡筠博士在《幸福在哪里》一书中分享了一个乐观三部曲方法："幸亏没有更糟；我最喜欢的是；我要利用这优势，做个乐观大师"，这个方法简单实用。

在学习张博士乐观三部曲的基础之上，结合孩子教育过程中的实际情况，我总结了"乐观 DAD"方法，这个方法可以帮助父母教会孩子，当遇到不好的事情时，如何调整想法和情绪。"乐观 DAD"方法包括三步，第一步，辩证思考（Disputation）；第二步，发现正面（Acquisition）；第三步，寻求改善（Development）。下面是"乐观 DAD"方法的详细介绍。

第一步：辩证思考（Disputation）

平静下来，辩证思考整个事情，发现一切并不是想象中的那么糟糕。

同学带了零食来跟大家分享，但是没有分给自己。孩子并没有伤心，他这样想："他可能零食不够分给我了，或者忘记分给我了，没事的。如果我想吃，我可以主动告诉他我也想吃，或者可以让爸爸妈妈下次给我买。"

第二步：发现正面（Acquisition）

虽然这件事情很糟糕，但是，自己也从中发现有许多可以吸取的经验教训，有值得学习的地方，原来坏事也有积极的一面。

考试没考好被老师批评，大部分的孩子第一时间会觉得，老师不喜欢自己，不认可自己。而掌握了乐观风格的孩子，会认为老师是关心自己，对自己要求高，才批评自己的。而且乐观的孩子会认为虽然这次考试没有考好，但是也让自己发现了很多问题，比如自己的复习重点、时间管理、精力分配都存在问题。了解了这些问题，自己可以积累经验，以后在考前准备方面能够有更多的进步与提升。

孩子在乐观的情绪下，思路会比较开阔，可以想出比较好的解决方法，对于孩子处理问题的能力提升有非常大的帮助。

第三步：寻求改善（Development）

最后是教孩子学会总结经验，如果未来再发生类似事情，就知道该如何解决了。

不小心把好朋友借给自己的书弄丢了，他是这样思考的："我再好好回忆一下，实在找不到，我向好朋友道个歉，再用压岁钱买一本还他。我相信他一定会原谅我的，我们还是好朋友。以后我一定要特别注意不要把别人的东西弄丢。"

每一次犯错都是进步的好机会。孩子要积累经验，避免在同一个地方跌倒两次。未来再遇到类似事情时，孩子就会有更多好的方法应对了。

运用"乐观 DAD"方法，孩子会发现，原本不好的事情，通过调整自己的心理，变成了有利于成长的经验，把一副"烂牌"打好，会很有成就感。未来，当孩子遇到困难和问题时，就不会那么焦虑与束手无策，而是可以通过"乐观 DAD"方法帮助自己有效克服内心的恐惧和不安。

微案例：领唱的轩轩没有露脸

"乐观DAD"方法很容易学，而且简单实用。每当我们或者孩子遇到困难时，可以尝试使用"乐观DAD"方法，帮助自己化解紧张、焦虑的情绪，找到方法和勇气面对困难和挑战，这一点对我们，和对孩子来说都非常重要。

轩轩要参加学校合唱团的大型演出，他为此准备了快半年。按事先的彩排要求，负责指挥的老师会给一个约定好的手势，暗示站在第二排的轩轩和一位女生，一起走到第一排的前面位置来领唱。

演出正式开始，老师忘记做手势让他们到前面来了，音乐响起，轩轩和那位女生仍然站在原位领唱，他们的位置没有站对，但轩轩和女生都很镇定地完成了领唱环节，合唱节目也很精彩。

演出结束后，轩轩表示虽然没有站到前面有点遗憾，但自己还是很认真地完成了领唱。轩轩有这样乐观的心态，得益于他掌握了一个非常简单实用的"乐观DAD"方法。

第一步（D，Disputation）：虽然大家看不到我，但是老师和同学们都说我唱得很不错。

第二步（A，Acquisition）：我第一次有机会能领唱，这次锻炼的机会好难得。

第三步（D，Development）：我要利用唱歌好的优势，以后好好练习唱歌。

✎ **小练习：运用"乐观 DAD"方法，父母引导孩子完成以下乐观情绪的培养练习**

（1）孩子穿了件比较花哨的衣服去学校，同学们嘲笑他是"花姑娘"，孩子有些不开心。

第一步 D：_____

第二步 A：_____

第三步 D：_____

（2）孩子第一次尝试煎鸡蛋，鸡蛋糊了，孩子有点沮丧。

第一步 D：_____

第二步 A：_____

第三步 D：_____

（3）孩子昨天参加学校足球队的选拔，落选了，回家以后闷闷不乐。

第一步 D：_____

第二步 A：_____

第三步 D：_____

　　父母可以陪孩子进行"乐观 DAD"方法的练习，并在微信公众号"妈妈点赞"里输入关键词"乐观练习"，找到上面"乐观 DAD"方法练习的参考答案。

4.4 "哆来咪"唱起来，每个孩子都拥有自信

自信是父母送给孩子的好礼物，因为一个自信的人内心不会充满怨恨、嫉妒和不安全感。

作为父母，你有没有发现孩子在成长过程中，出现过以下的情况呢？

◆ 孩子明明知道答案，却不敢举手回答问题。

◆ 孩子和班里的同学交流不主动，都是等着别人来找自己玩。

◆ 孩子在学校学习遇到问题，不敢举手问老师，影响学习的效果和成绩。

◆ 要上台发言时，孩子站在台上，低着头，很紧张，不敢看同学，说话的声音很小。

……

如果孩子出现了以上的表现，很可能是缺乏自信。很多家长教育孩子时，往往把注意力集中在教孩子一些知识或训练孩子一些技能上，而忽略时孩子自信心的培养。其实自信是孩子能力成长的支柱，也是打开孩子潜能的钥匙。

每个孩子都有优秀的一面，我们要从不同的角度去观察孩子，要学会用赏识的眼光去看待孩子，这样才能帮他们培养出自信心。那么，如何帮助孩子建立自信呢？张怡筠博士在《幸福在哪里》一书中分享了孩子可以运用"我有优点我自信，我有特点我自信，我会优化自己我自信"等方法，运

用积极的心态发现自己的优点，改进自己的不足，从而建立自信。

父母还可以运用本书介绍的"自信哆来咪"，教孩子改进，帮助孩子建立自信，优化自己。

自信"哆"：多发现孩子的优点

孩子能够在自己身上发现的优点越多，就会越自信。如果父母发现孩子的某些优点，可以常常向孩子请教这方面的问题，让孩子建立自信。轩轩妈妈从小在家里称呼他为"轩轩老师"，轩轩很喜欢这个称呼，经常在家给父母讲课，他觉得自己懂得很多，还能帮助爸爸妈妈，在学校里也表现得非常自信。

"知心姐姐"卢勤老师曾经说过："真正爱孩子的父母，就要在孩子面前表现得弱一点儿，让孩子做高山，父母做小草，孩子就会长成山；让孩子当大伞，父母做小鸡，孩子就能顶天立地。"

我们太容易发现别人家孩子的优点，却太难发现自家孩子的优点。

很多父母经常爱说，"你看看人家，你咋就不如人家呢？"这句话是不是特别耳熟，似曾相识呢？

在父母的眼里，似乎别人家的孩子永远比自己的孩子强，这种说法非常影响孩子自信心的培养。父母的初衷是希望用激将法，刺激孩子奋发图强，却往往适得其反。有的孩子还会因此讨厌父母，使亲子关系变差。

　　父母不要拿孩子的短处去和别人的长处比，每个孩子都有独特的性格、优缺点，父母要做的是因材施教，充分挖掘孩子的潜力，而不是盲目地和别人的孩子攀比。让孩子自己跟自己比，是建立自信最重要的方法。

自信"来"：小小成果到，自信自然来

　　老师让轩轩上台给大家讲一个小故事，轩轩讲完后，老师表扬轩轩不仅讲得好，表情也很丰富，声音也特别洪亮，还建议轩轩以后有机会多参加演讲比赛，一定会取得好成绩。

　　轩轩通过一年的坚持和努力，参加了从校级到区级再到市级的比赛，最后在全国比赛中，获得"全国中华文化小大使一等奖"。得奖以后轩轩自信心倍增，他觉得自己是一个非常优秀的孩子，在学校就更加努力了。

　　要想让孩子多体会到成功的喜悦，父母要多帮助和鼓励孩子发现自己擅长的领域，找到自己的强项。孩子在优势项目上体会到很多成功的乐趣，就会逐步建立自信。

　　孩子的优势在哪里，父母要做到心中有数。父母可以从游戏、讲故事、谈话、旅游等日常生活中去观察孩子在哪一方面具有兴趣与优势。也可以有意识地让孩子接触某些活动，例如写字、绘画、音乐、运动、演讲等，为孩子创造接触这些事物的条件与环境，看看孩子对哪一样特别感兴趣，可以将兴趣持之以恒地继续下去，这样这方面成绩会突飞猛进。

自信"咪"：教孩子百"米"竿头更进一步

自信的孩子不仅知道自己的优点和优势，同时更愿意去改进自己的短板和不足。轩轩的作文写得不错，但语文成绩却不太好，因为他做拼音题、生字题时经常粗心大意，犯错误。轩轩决定这样改进：

以后每次考试，我都要给自己至少 5 分钟的时间去检查，并制作一本"错题集"，把我曾经做错过的题都抄到这个本子上，考试前多看看哪类题经常会做错。

慢慢地，轩轩的语文成绩提高了，他继续学习的信心也随之增强了。

当父母发现孩子在某方面存在不足时，不要只是批评和指责，而是应该多帮助孩子提高。

父母可以通过以上"自信哆来咪"的方法，帮助孩子发现自己的优点，强化自己的优势，以及提升自己的不足之处。父母要学会欣赏孩子内心自信的喜悦，呵护孩子来之不易的自信心，与孩子开心快乐地相处。

小练习：一张表帮你判断孩子是否自信

父母如何才能知道自己的孩子是自信还是不够自信呢？父母可以和孩子一起做下面的测试，判断孩子是否有足够的自信。

序号	表现	是	否
1	我觉得自己不是一个优秀的学生		
2	我觉得自己在班里不受欢迎		
3	我很害怕在同学面前演讲		
4	老师和我说话的时候，我经常不敢看老师的眼睛		
5	我觉得自己长得不够帅（漂亮）		
6	好朋友最近没怎么找我玩，一定是我哪里做得不够好		
7	老师批评我的时候，我觉得非常非常难过		
8	老师表扬我的时候，我觉得自己没有那么好，只是运气		
9	我觉得自己的缺点比优点多		
10	我经常不敢在大家面前表达我真实的想法		
11	我不太敢和陌生人交流		
12	爸爸妈妈说我缺点的时候，我非常生气		
13	我觉得自己做事效率太低了		
14	我觉得自己没有什么优点		
15	我觉得自己没有幽默细胞		

"是"为 1 分，"否"为 0 分。结论如下。

◆ 0 ~ 3 分

孩子对自己信心十足，知道自己有什么优点。但有时候，别人可能会觉得孩子骄傲自负。父母可以教孩子适当谦虚一些，这样才会有更好的人缘。

◆ 4 ~ 6 分

孩子对自己比较自信，但在个别方面还有点儿不自信。

◆ 7 分以上

孩子缺乏自信，甚至有些自卑，父母需要多发现孩子身上的优点，并及时鼓励孩子，逐步培养孩子的自信。

小练习：自信培养小练习

根据本节教孩子建立自信的方法，父母可以引导孩子完成下面的"自信培养小练习"。

1. 孩子的优点或者优势是：_____

理由为（三点）

（1）_____

（2）_____

（3）_____

2. 孩子的成功经历是：

（1）_____

（2）_____

（3）_____

3. 教孩子改进

（1）需要提升的地方：_____

（2）决定这样改进：_____

4.5 用活"CAP 原则"，培养孩子的自控力

有自控力的孩子不是逼出来的，也不是管出来的，而是父母帮他意识到的——过自律的人生，幸福感最强。

🟢 孩子失控的烦恼

家有二宝，哥哥 8 岁，妹妹 4 岁，两位宝贝给家里带来了很多欢笑，也带来了很多幸福的烦恼。

妹妹非常喜欢布娃娃，家里的布娃娃在床上快堆成小山了，她依然不满足，每次逛商场，看到布娃娃就两眼放光，还是吵着要买。如果爸爸妈妈不同意，妹妹就又哭又闹，有时还赖在地上使劲打滚，搞得一家人都很尴尬。爸爸妈妈经常被妹妹闹得没办法，只好万般不情愿地掏钱买下布娃娃。

哥哥一点儿都不喜欢布娃娃，但痴迷玩电脑游戏。每天放学回到家，要先打开电脑，玩一会儿游戏以后才肯做作业，有时候玩得连晚饭都没有时间吃。爸爸妈妈因为哥哥玩游戏这事没少批评他，可是哥哥还是忍不住想玩，结果眼睛开始近视，学习也受到很大影响。

爸爸妈妈每每想到两个孩子自控力差的问题就非常头疼。他们也知道，要坚持底线，对于孩子的不良行为要坚持予以制止。可是一遇到孩子哭闹，觉得很丢人，就不敢继续坚持了。

自控力强的孩子更容易成功

在 20 世纪六七十年代，斯坦福大学心理学家米歇尔教授做了一个著名的"棉花糖实验"，他邀请了许多 4 岁的孩子参与这个实验。开始时，他告诉孩子们："这里有颗棉花糖，我需要离开房间 15 分钟，等我回来时，如果棉花糖还没有被你吃掉，我就会再给你一块糖作为奖励。"

教授离开房间以后结果怎样呢？有些孩子马上把糖吃掉了，有些等了一会儿也吃掉了，有些等待了足够长的时间，最后还是把棉花糖吃了。只有 1/3 的孩子没有吃掉棉花糖，他们有些闭上眼睛等了 15 分钟，有些不停地闻甚至舔上一口，有些通过玩裤子、玩手指、唱歌来分散自己的注意力。的确，这段时间对于这些孩子来说是难熬的。

14 年后，他找到了当年参与"棉花糖实验"的孩子进行了后续调查，他发现当年可以忍住不吃棉花糖的孩子普遍更具有竞争力，有更强的体魄，高考平均成绩也比吃了棉花糖的孩子高了许多分。

这项实验说明，能够延迟满足、有高自控力的孩子长大后更容易获得成功。他们为了追求更大的目标，能经得起眼前的诱惑，能坚持耐心等待，这些正是高自控力的具体表现。相反，缺乏自控力的孩子，有研究证实他们长大后坚持学习的动力相对不足，较容易出现行为偏差问题，比如网络成瘾、辍学等。

父母在孩子的成长过程中，要善于判断孩子各方面的自控力水平，同时可以运用"控制（Control）—约定（Arrangement）—坚持（Persistence）"，即"CAP 原则"去帮助孩子提升自控能力。

Control：控制欲望，不做掰不到玉米的狗熊

每个孩子都有特别喜欢吃的零食和喜欢玩的玩具，但是零食吃多了容易影响正餐，一味沉溺于玩具又会影响学习。学会控制欲望是人生的必修课，如果什么都想要，最后就会像掰一个玉米丢一个玉米的狗熊，什么都得不到。孩子从控制吃零食的频率、玩游戏的时间、购买玩具的数量开始，会慢慢成长为一个有自控力的人。

哥哥喜欢玩电脑游戏，就与哥哥约定：每天完成作业以后，可以玩 20 分钟电脑游戏。

妹妹喜欢布娃娃，就与妹妹约定，妹妹的礼物日是生日、六一、圣诞节、新年、春节，她可以在这几个时间买喜欢的布娃娃。

通过与孩子约定"频率"和"礼物日"，可以培养孩子"延迟满足"的能力。"延迟满足"不是教会孩子凭空等待，也不是一味压制孩子的欲望，而是让他们明白：有些愿望需要付出长期的努力才可以实现。

Arrangement：一诺千金，小屁孩也是真君子

建立约定的仪式感，分解约定的实现步骤，可以让孩子建立起遵守承诺的荣誉感和责任感。

天天和父母约定：放学后，要把今天的作业做完再下楼和小朋友一起玩。天天把这个约定分解成下面的步骤，贴在了墙上，进门出门的时候都会看见。

① 回家后，统计一下要做的作业，有语文作业、数学

作业、英语作业，大概要花 40 分钟。

②专注地完成作业并做好检查，复习一下今天的功课。

③作业完成以后，下楼和小朋友去玩。

每当完成了一次约定，爸爸就奖励天天一朵小红花，久而久之，黑板上贴满了小红花。来访的客人见到，都会问这个约定的来龙去脉，爸爸骄傲地给他们介绍，客人惊讶地竖起大拇指：小小年纪，就能说到做到，真不容易！

天天充满了自豪感，到处跟同学说，"我是一诺千金的真君子！"

Persistence：积极暗示，我要坚持到最后

自控力强的孩子有两个特点：一是不做不该做的事，二是坚持去做该做的事。

在训练自控力的过程中，坚持对于孩子来说也是一个比较难的事情。比如，轩轩长期学习小提琴，每天都要练习至少 30 分钟。父母可以教轩轩做积极的心理暗示。

拉小提琴对我来说是一种音乐的享受。

我可以使用计时器来完成 30 分钟的小提琴练习。

拉完小提琴，我可以吃一个喜欢的水果。

孩子自控力的形成都有一个过程，不管是家长还是孩子都不要急于求成。训练过程中可能会出现反复。遇到这种情况，家长要理解孩子，对孩子有足够的耐心，采用循序渐进的方式，不要给孩子造成过大的心理压力。

当孩子能够放眼未来，勇敢地承担当下的责任，他们就

会慢慢知道，那种高度的自律带来的是高效率、高自信，更高的生活自由度和对生活的掌控感。终有一天孩子会明白，拥有自控力比放纵更幸福。

小练习：判断孩子的自控力

序号	表现	是	否
1	孩子容易动不动就发脾气		
2	到了商店，看到喜欢的东西就嚷嚷，吵着要买，父母怎么说也不听		
3	和小朋友玩，不顺心时就想打对方		
4	和爸爸妈妈约定看 10 分钟的电视，结果 30 分钟也停不下来		
5	吃垃圾食品，不吃完停不下来		
6	做作业时没有父母看着就不好好写		
7	上课喜欢东张西望，听不进老师讲的		
8	痴迷玩电子游戏，每天都想玩		
9	上课时喜欢和同学交头接耳，爱做小动作		
10	吃饭时，只吃自己爱吃的东西		
11	早上，爸爸妈妈要叫好几遍才起床		
12	约定弹 30 分钟钢琴，10 多分钟就不耐烦了		
13	刷牙随意性较强，不能坚持认真刷牙		
14	在景区看到有意思的景物，未经同意，总喜欢摸来摸去		
15	看电影时，坐不住，时不时站起来		

"是"为 1 分，"否"为 0 分。计算总分。

0 ~ 3 分：说明孩子的自控力非常好，对自己要求比较高，能够理解规则与要求，对约定的事项可以较好地坚持。父母要对孩子的这些行为及时表示欣赏与鼓励，强化孩子的自控意识。

4 ~ 6 分：说明孩子的自控比较好，但在有些地方自控力一般，需要进行个别的训练，提升孩子的自控力。

7 分以上：说明孩子的自控力比较弱。父母需要非常重视孩子自控力的培养，帮助孩子在各个方面提升自控力。

4.6 孩子叛逆怎么办？聪明的家长都这么做

当孩子叛逆的时候，明智的家长会冷静思考，当年我们顶撞父母的原因是什么？记住，你的孩子身上，一定有你过去的影子。

😊 你说东，我偏要西

天天过完 5 岁生日以后，突然从听话配合的"乖宝宝"变成了令人头疼的"牛魔王"，"不"变成了他的口头禅——

我不要上幼儿园！

我不要吃胡萝卜！

我不要跟隔壁小朋友玩！

爸爸妈妈建议往东，他偏偏要往西，爸妈被激怒和发飙的频率与日俱增。爸妈越生气，他口里的"不"和"我不要"也变得越来越多。

这个周末，妈妈带天天到公园玩。冬日暖阳照在身上，特别舒服。远处的小湖波光粼粼，游人在嬉笑着划船。妈妈心痒痒的，打算也带天天去划船。票买好了，船也来了，没想到天天突然说："我的黑武士之剑忘带了，我要回家拿来，再划船！"妈妈说："我们已经到公园了，你也带着其他玩具呢，下次再拿吧？"

天天不肯，大哭起来："不嘛不嘛，我就要那把剑，我就要！"非要让妈妈回家拿，妈妈怎么劝说都不行。天天哭得昏天暗地的，妈妈对他无可奈何，也没有兴致划船了，这次原本美美的公园之行就在天天的哭闹声中提前结束了。

当孩子的想法得不到满足时，有时会反抗父母，一哭二闹三撒地。父母往往很头疼，发出这样的感叹："该不会孩子的叛逆期已经来了吧？"

五种父母容易遇到叛逆的孩子

在培养孩子的过程中，如果父母的表现是以下五种情况，就特别容易遇到有逆反情绪的孩子。

① 电视型父母——一边看电视，一边指导孩子学习，过程中心不在焉。（孩子想：爸爸妈妈不让我看电视，自己却看得津津有味，哼，不公平！）

② 强势型父母——给孩子安排的任务比较多，要求比

较严厉，沟通方式比较强势。（孩子想：爸爸妈妈不认可我，我怎么做都没有用。）

③ 无能型父母——对于孩子的问题和要求经常都感到无力，也不知道哪里可以找到帮助。（孩子想：爸爸妈妈太笨了，什么方法都想不到。）

④ 纵容型父母——对于孩子的要求尽可能地满足，生怕让孩子遇到一点儿困难和挫折。（孩子想：那我下次还要更多更多！得不到我就哭，一哭爸爸妈妈就答应了。）

⑤ 虚荣型父母——喜欢把孩子的优点夸大，喜欢让孩子在他人面前表现才艺。（孩子想：我一点儿也不想像马戏团的猴子那样耍把戏，讨厌死了！）

如果你不幸属于上述的某种类型，那么，就要先调整自己的行为了。你的孩子的逆反行为，是你的行为造成的。

对于"电视型父母"来说，建议在孩子做作业期间，父母尽量不要看电视或者减少看电视的时间，可以陪伴孩子一起做与学习有关的事情，比如看书和写作。

对于"强势型父母"，建议父母对孩子日常的表现，要以鼓励为主，鼓励表扬与批评的比例至少要大于3∶1。

对于"无能型父母"，建议父母要提前告知孩子，对于孩子问的问题，爸爸妈妈也会有不懂的地方，但会帮助孩子请教他人。

对于"纵容型父母"，建议父母要学会和孩子提前约定和设置做事情的规则与边界，让孩子知道哪些事情是可以做的，哪些是不鼓励做的，哪些是绝对不可以做的。

对于"虚荣型父母"，建议父母要尽量实事求是，如果要夸奖孩子，夸奖部分可以提前和孩子进行交流，征求孩子的意见，不要让孩子在现场感到难堪和尴尬。

以上是对 5 种父母的调整建议。那么，当父母遇到孩子有逆反情绪或者行为时，该如何正确引导呢？

理解、冷静、尊重三步化解孩子的叛逆心理

理解孩子的叛逆心理

叛逆是孩子探索世界的一种方法。孩子叛逆是因为渴望得到成人世界的关注，渴望通过叛逆的行为向世界昭示自己已经长大了，再也不是父母眼里的小孩子了。

小可从上幼儿园开始就非常喜欢画画，整天拿着笔在本子上画，她的父母也非常支持她，还给她报了美术培训班。小可参加市里的美术比赛，得了不少奖。但是后来小可妈妈的要求越来越严格，一听说哪里有比赛就给她报名，还要求她必须获奖。小可只要没获奖，就会遭到妈妈的一顿训斥，而且妈妈还经常要求她去画一些她不感兴趣的作品，小可在和妈妈的对抗中，慢慢地对画画失去了兴趣，直到最后再也不想拿起画笔了。

父母需要理解，孩子是一个独立的个体，他有能力去创造自己的生活，有权利表达自己的要求，按照自己的意愿做决定。作为父母可以对孩子提出建议，但也要尊重孩子的想法。

孩子不愿意听爸妈的话，不想听从父母的教育，甚至和父母对着干，觉得自己很有理，其实这所谓的"叛逆期"，同时也是孩子成长中的自我认识与感知的必经阶段。在这

个过程中，他们渐渐有了自己的思想，自己的"主见"，渐渐地了解到各种事物的"规则"。他们其实并不是想跟谁对峙，而这个时候出现的叛逆，不是什么不可原谅的错误，更不是什么无法解决的问题。

冷静应对孩子情绪波动

叛逆的孩子，往往情绪波动比较剧烈，容易失去理智。这时候，父母不能也跟着失去理智，更不能采取以暴制暴的方式去压制孩子的负面情绪。父母的冷静有助于孩子冷静。

轩轩8岁多了，父母的话他经常听不进去。妈妈说："轩轩，你作业写完了吗？赶紧写去，一会儿要吃晚餐了。"轩轩边看电视，边玩他的玩具枪，不搭理妈妈。妈妈想走到他身旁催他，他就赶紧跑。爸爸发话说："轩轩你赶快给我写作业，不写完就别吃晚饭了，那么点儿作业半天都写不完，还看电视！"说着，爸爸就把电视关掉了。等妈妈把晚饭做好，轩轩的作业依然没有写完。

爸爸问他怎么还没写完，轩轩一字一顿地回答："我、就、是、不、想、写！"

第一次发生这事的时候，爸爸暴跳如雷，把轩轩揍了一顿。但是后来爸爸冷静下来，知道这样并不能解决问题，决定冷处理一段时间。轩轩不写作业，爸爸也不催他，只是淡淡地说："你为自己的行为负责，学习是为了自己不是为了爸爸妈妈。"轩轩享受了好几天不写作业的"特权"，从不写作业这项对抗中找不到新的乐趣了，就又重新好好写作业了。

有些家长在与孩子沟通中特别容易失控，火冒三丈，而孩子呢，也往往是针锋相对，毫不示弱。对于叛逆状态下的孩子来说，家长的情绪会主导孩子的情绪，家长做好情绪管理，冷静应对，孩子也就成了"一只巴掌"拍不响了。父母这样做也是非常好的示范，孩子习得后，未来处理问题也会冷静应对，这对于孩子成长是很有益处的。

尊重孩子的个性表达

许多时候，我们家长对孩子的行为有太多的主观判断，总是从成人的角度去看孩子，很多事情都先往孩子调皮捣乱的方向想。

这天，老师向天天爸爸反映：天天逃课了，到了上课时间还蹲在操场上玩，大半节课过去了还不回来！天天爸爸一听说，直接就对天天一顿责骂："这孩子，越大越不像话，快去找老师道歉！保证以后都要好好上课！否则我揍你！"天天虽然不敢逃课了，上课走神的问题却越来越严重，成绩还一落千丈。

天天妈妈焦急了，和天天谈话："天天，你为什么逃课呀？"

天天说："第一次逃课，是因为老师在课堂上讲的内容太简单了。那节课老师讲的生字爸爸以前教过我，我都认识，但是老师又重复讲了好几次，我觉得很啰唆，所以就跑出去玩了。"

妈妈心想，原来不是孩子故意要逃课，是他以为掌握了这个知识就不用听课了。于是，妈妈赶紧和老师沟通，也温柔地告诉天天，如果知识掌握了，可以在课堂上再巩固一遍，还可以教别的同学。慢慢地，天天的逆反情绪越来越少，又重新变成了那个快乐的孩子。

孩子在成长中出现叛逆的情绪和行为，未必是一件坏事。事实上，这是在提醒父母，孩子在探索和挑战这个世界。父母可以运用"理解、冷静、尊重"这三招去应对孩子的叛逆，用发展的眼光看待孩子的成长，帮助孩子顺利度过叛逆期。这个过程也是父母和孩子建立良好亲子关系非常重要的阶段，期待父母们能够把握好这个机会，帮助孩子健康快乐地成长！

第 5 章

家庭沟通好，孩子
更快乐

5.1 隔代育儿矛盾多，怎么说老人才愿意听

如果你抱怨父母不懂亲子教育，甚至指责你的父母，那么请记住，和你的先进模式相比，很可能他们的爱让孩子更有安全感。先理解，再说服，也许更好。

隔代教育：标配下的冲突

家长课堂上经常有妈妈提问："我可以把家里的老人送来学习么？因为她跟孩子相处的时间更长。"

妈妈们自己学习了先进的育儿理念之后，会产生这样的担心：家里老人不配合啊，我自己学有什么用呢？于是会咨询："怎么说，老人才愿意听呢？"

2017年北京市家庭建设促进会开展了一个调研，发现北京隔代养育率达到80%，上海达到了惊人的88.9%。**隔代养育已经是中国中产阶级的标配了**。隔代教育带来的烦恼，也是中国中产阶级的标配，最常见的冲突有以下两种类型。

身份错位。白天妈妈上班，孩子由老人带，晚上妈妈回到家，孩子跟妈妈玩一小会儿，还是跟老人睡。孩子有可能把老人当成心理认定的第一抚养人。通常情况下，并不是老人抢占了妈妈的位置，而是妈妈无意间让出了"妈妈"的位置。

另一方面，老人年轻的时候，可能对儿女照顾不周或者过分严厉，总有一些内疚后悔的心情，对儿女有一种补偿心

理。因此，当现在有了孙辈，老人带孩子常常有"三多"——担心多、溺爱多、包办多，其实内心深处是想弥补过失，补偿儿女。老人甚至会把孙辈当成自己的孩子，重新养育一次。这时，老人的身份会和妈妈的身份产生冲突。

观念冲突。老人学习带孩子的方法来源比较窄，通常是他们自己被养育的方式和他们养育孩子的过程中积累的经验。新一代的父母处在一个知识爆炸的时代，可以通过互联网、书籍课程轻易获得各种先进的育儿理念，于是新一代父母照书养娃，照专家说法养娃，照达人经验养娃，这种新模式，让老一辈和新一辈之间也就出现了不可调和的观念上的矛盾。

用"黄金圈沟通法"，隔代沟通不犯愁

要解决身份错位和观念冲突的问题，可以使用黄金圈沟通法改变沟通模式，隔代养育也并没有想象的那么难。黄金圈沟通法代表的是在隔代育儿当中，跟老人沟通的 3 个层次：

第一层目的（Goal），第二层信念（Belief），第三层行动（Action）。

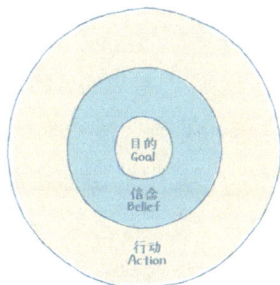

黄金圈沟通法

使用"黄金圈沟通法"怎么说，老人才愿意听？我们先看一个案例。

威威到了该上幼儿园的年纪了，选幼儿园时，威威外公坚持要选离家远的名校，但威威的妈妈希望就近选择，意见不统一，怎样沟通好？

使用"黄金圈沟通法"，可以这样说。

"爸，我知道您特别关心孩子的教育，咱们都希望他能上个好学校，遇到一些好老师，能够顺利度过幼儿园这三年。"（**目的**）

"我猜您可能认为名校会把孩子素质培养得更全面一点儿。我的想法是，幼儿园接送方便和安全挺重要的，毕竟咱们要接送三年呢，坐校车也有其他问题。我理解您的焦虑，也谢谢您总是为孩子考虑得这么周到。"（**信念**）

"我下周跟孩子爸爸一起去周边的几个幼儿园考察一下，也问问小区里上过这几个幼儿园的家长，看看师资和质量如何，也纵向对比一下比较远的那所名校，再做出一个综合判断。我们也会把过程和结果都告诉您，请您放心。"（**行动**）

在上面的沟通案例中，威威妈妈就有效地利用了"黄金圈沟通法"，化解了矛盾，找到了解决方案。

目的（Goal）：理清目的，统一战线

父母和老人在一起育儿，首要的目的是让孩子感受到爱，其次是学会生活的技能和规则。孩子在老人面前享受不同的爱，就好像让孩子偶尔吃糖一样，并不会造成本质上的伤害。

威威外婆的观点——孩子自己吃，会吃不饱，他不知道自己应该吃多少，所以必须得喂他，还得把碗里所有的饭都

吃完了才不会饿着。

威威妈妈的观点——孩子应该自己吃，他自己知道自己什么时候想吃，所以不用喂，饿了自然就吃了。

如果我们仔细看这两个观点，妈妈的想法真的是 100% 正确的吗？外婆的想法真的是 100% 错误的吗？当然不是，每个观点都有其可取之处。但是这两个观点都是为了让威威成长得更好，都是出于对威威的爱。

当父母意识到老人和自己一样，是爱孩子的，那么大家养育的目的就是一致的，同时，父母可以基于爱，跟老人统一战线，让老人意识到，父母的养育方式，同样是爱孩子的，我们是在一个团队中并肩作战的战友，而非敌人。

信念（Belief）：相互理解，表达感激

让孩子健康快乐成长是父母和老人的共同信念。父母要从心里感激老人对孩子的爱和照顾。这份感激可以在每周固定一个时间用语言表达出来。

在家庭会议上，威威妈妈带头说了下面的话。

"妈，您每天早上都 6 点钟起床给我们做早饭，您在的时候，我们一起床就能吃到早饭。谢谢您。"

"爸，谢谢您每天早上送老大上学，您送他上学的时候，他一次都没有迟到过。"

每次威威妈妈说完之后，威威外婆都会说："哎呀，没什么，你是我女儿嘛，我不帮你帮谁。"这是中国人惯常的表达方式，其实外婆听到妈妈这么说，内心的感受是非常开心满足的。

当然，一开始跟家人特别是自己爸妈致谢的时候，会发现非常难开口，简直比新学一门外语还难。老人的内心跟小

孩子一样渴望赞美，我们也可以试着观察老人具体做了哪些事，把对老人的致谢写在便签纸上，跟写给孩子的话一起贴到家里的鼓励树上。

行动（Action）：提出方案，允许不同

在很多家庭，老人接收到的信息往往是批评、指责。老人来帮忙带孩子，本来是义务之外的事情，是出于对儿女的关心，却常常遭受指责和批评，这样他们非但不会配合，反而会更加坚持自己原有的做法。

父母可以尝试用"请求"而非"要求"的说话方式给出一个合理的方案。比如："妈，我看到孩子边跑您边喂他饭吃，我有点担心，因为运动的过程中吃东西非常容易呛到。同时，我也有些着急，因为孩子不能坐下来自己吃饭，去了幼儿园没有人喂，他自己不会吃。我希望能在家慢慢培养孩子自己吃饭的习惯，先从让他跟大人一起吃饭开始练习吧。我们先让孩子自己吃 20 分钟，然后，他吃不完您再喂 10 分钟。可以吗？"

同时，我们可以设立一个特权日，比如一个月选择一天，让老人完全按照自己的方法养育孩子，你会发现老人和孩子都有可能很享受。有趣的是，当父母没有跟老人对抗，而是选择感受老人的爱，并感谢他们的付出时，老人反而也开始愿意尝试父母的新方法。

跟老人共同育儿的过程是我们跟自己父母和解的过程，这也是我们自我成长的机会。

微案例：宝宝到底应该怎样吃药

威威外婆的观点——生病了马上看医生吃药才能好啊。这是我这么多年的经验！

威威妈妈的观点——生病马上吃药会影响孩子的抵抗力。书上都是这么写的，这是最先进的教育理念！

如果用"黄金圈沟通法"，我们可以这样说：

"妈，我知道您跟我一样，特别希望宝宝能快点好起来，少受点罪。"（理清目的，统一战线）

"我猜您可能认为孩子生病了马上看医生吃药才能更快好起来，可我上次听儿童医院的专家张医生说其实生病马上吃药会影响孩子的抵抗力。我特别理解您现在很着急，也谢谢您在孩子生病的时候觉都不睡地照顾他。"（相互理解，表达感激）

"妈，给这么小的孩子喂这么多药，我有点担心，您看这样行吗？我们先带他到医院测一下血液指标，如果病情不严重，就先观察一天，我给他推拿和物理降温。如果严重了，咱们再马上看医生，或者按照您的方案来。"（提出方案，允许不同）

微案例：宝宝需要穿很多衣服吗

威威外婆的观点——孩子必须多穿一点儿才不会生病着凉。

威威妈妈的观点——医生说了，孩子要比大人少穿一件才不容易生病。

如果用"黄金圈沟通法"，我们可以这样说：

"妈，我知道您跟我一样希望孩子健健康康的，尽量少生病。"（理清目的，统一战线）

> "我猜您可能认为多穿一件衣服他不会着凉。我的想法是，孩子不用多穿，这也是在锻炼他的抵抗力。我理解您的担心，也谢谢您平时无微不至地照顾孩子。"（相互理解，表达感激）
>
> "我看到孩子手脚都挺热的，头上还冒汗，也担心捂着了。您看先给孩子穿得跟咱们大人一样多，您再带件外套，要是真起风了，或者到空调房间，您再给他套上可以吗？"（提出方案，允许不同）

当你和老人在育儿问题上意见不一致的时候，也尝试使用一下"黄金圈沟通法"吧，欢迎你把自己的沟通案例发到"妈妈点赞"微信公众号，我们会选择一些对妈妈们有帮助的案例定期发送哦！

5.2 爸爸去哪了？
爸爸多参与，孩子更优秀

对父亲而言，陪孩子的时间多少并不是最重要的，重要的是你是否让你的孩子拥有更大的勇气去探索世界。

😊 爸爸的威力

天天上一年级，每天晚上都是妈妈辅导他写作业。天天知道妈妈脾气好，总是和妈妈谈条件，拖拉磨蹭，不认真学。

晚上7点，天天很不情愿地来到书桌前开始做作业。

过了不到10分钟，天天叫妈妈："妈妈，我的铅笔不好写了，您帮我削铅笔！"

过了5分钟，天天又嚷嚷："妈，上次您说的乐高玩具什么时候给我买呀？"

不一会儿，天天又让妈妈帮忙找橡皮。

……

为了让孩子专心学习，天天妈妈尽可能满足天天的各种小要求。可是到了期末，成绩单一发，爸妈傻眼了：原本天资聪慧的天天在班里只取得了一般的成绩！

这时候，学霸爸爸坐不住了。爸爸毕业于清华大学，又在美国获取了博士学位。本来觉得让爸爸陪写小学作业是"高射炮打蚊子"的事情，但是现在是时候出动爸爸这个"终极武器"了！爸爸与妈妈达成一致协议，由学霸爸爸负责制订天天的学习计划，晚上陪伴和监督孩子学习。如果爸爸出差或有事不在家，妈妈按照计划陪伴。原本晚上以休息为主的爸爸参与到孩子的学习中，妈妈顿时感到轻松许多。

经过半年多的努力，天天在班里取得了非常好的成绩，被评选为"三好学生"，高票当选班级的副班长。妈妈虽然不管学习，但很注重孩子的心理健康，会经常与孩子沟通交流，帮助孩子疏导紧张、生气或者伤心的负面情绪。

天天经常自信地说："我的爸爸智商高，我的妈妈情商高，所以我的智商情商都高！"爸爸主动参与孩子的学习和育儿环节，对于孩子的成长是非常有利的。

别让爸爸在家庭教育中"缺位"

在中国传统观念里，女人"相夫教子"，仿佛教育孩子就只是女人的事。那么这一观念在现在是什么样的呢？2015 年 4 月，中国儿童少年基金会与北京师范大学教育学部家庭教育研究中心联合发布《中国亲子教育调查现状》。调查显示，"几乎没有时间"与孩子单独相处和"每天和孩子相处不超过一小时"的爸爸占据了被调查者的 30% 以上，"每天和孩子相处 1 小时至 2 小时"的爸爸占比为 32.5%，"每天和孩子相处 2 小时及以上"的爸爸占比为 34.9%。

我们不难发现，在当下中国，父亲一般在家庭教育中严重"缺位"。

到学校接孩子的不是老人就是妈妈，在游乐场、公园陪孩子玩耍的大部分也是妈妈；再大一点儿的孩子周末上各种培训班，在门口等待的也以妈妈为多……

近几年，随着《爸爸去哪儿》《爸爸回来了》等亲子节目的热播，让爸爸育儿的话题成为热点，也让更多的父母认识到了爸爸对孩子成长的重要性。爸爸在孩子成长中不可或缺，他可以教会儿子成为一名男子汉，也可以教会女儿怎么和异性相处。如果爸爸的角色在家庭里长期缺席，孩子会变得脆弱、自卑、不安并且极度缺乏安全感。

一般来说，爸爸是整个家庭的"顶梁柱"，负责家庭主要经济收入，对重大问题作出决策，对外主要的社交等，爸爸被赋予了更多的责任和担当，孩子在生活中深受其影响，会促使负责、担当精神品格的形成。

而且，男性具有更强的探索、冒险精神，遇到新鲜的事物或问题喜欢去研究，善于用双手去创造。家庭中，爸爸会修理自行车、水龙头，会换灯泡、制作玩具，这些都能影响孩子的动手能力和创造力。在孩子小的时候就要培养他的动手能力，爸爸要多和孩子一起合作动手制作一些小东西，或一起做家务等。

爸爸充分参与对孩子的教育，把对家庭负责这一点"传授"给孩子，孩子长大后也会成为一个对家庭有责任感，对工作有责任心，又对自己负责的人。

巧用三招，让爸爸乐意一起照顾孩子

好爸爸都是培养出来的

在育儿过程中，很多妈妈认为自己比爸爸强，所以大包大揽。久而久之，爸爸就觉得自己不需要参与到家庭教育中，也就懒得参与了。而事实上，很多男人都有英雄主义的情节，如果妈妈有不擅长的地方，要学会示弱，请爸爸帮忙，爸爸是很乐意帮助，显示他的价值的。

轩轩妈妈对于辅导孩子的英文总是感到力不从心，孩子对英语兴趣不大，英文成绩很一般。无奈之下，她求助轩轩爸爸："我最近辅导轩轩的英语，总是觉得方法不对，轩轩学起来好像非常不耐烦，你帮帮忙呗！"轩轩爸爸想都没想，就说："小学生的英语，太简单了，我来搞定。"

在接下来的一学期，每天晚上，爸爸陪轩轩进行 30 分钟的英语阅读和对话。爸爸运用情景演练的方式，和轩轩扮演不同角色，进行英语情景剧的"演出"。爸爸夸张的表情以及绘声绘色的表达，让轩轩觉得非常有趣。轩轩和爸爸都非常享受每天的英语学习时光，久而久之，轩轩对英语学习的兴趣就越来越浓厚，成绩也在慢慢提高。

好爸爸都是鼓励出来的

爸爸和孩子一样都喜欢被鼓励，妈妈多鼓励和夸奖爸爸做得好，爸爸就愿意多陪孩子。妈妈不要老打击爸爸参与的积极性，相反，要多鼓励。每当爸爸取得了一点儿成绩，妈妈就要及时鼓励爸爸的行为。只有这样，妈妈才能慢慢摆脱"丧偶式育儿"。

爸爸在参与辅导轩轩英语学习的过程中，妈妈会用"描述型鼓励"和"感谢型鼓励"等方法给予爸爸正面的评价。

"爸爸设计的英语学习法，非常有趣，爸爸真牛！"

"爸爸扮演国王，说话的感觉还真像一国之君，我打90分，轩轩，你给爸爸打多少分？"

"轩轩，你的英语成绩越来越好，爸爸立大功啦！"

轩轩妈妈在爸爸参与孩子英语学习的过程中，给予及时的鼓励，让爸爸觉得自己的辅导很有效果和意义，他的积极性就会越高。

好爸爸都是崇拜出来的

每个男人都是有"英雄主义"情怀的，都想成为自己妻子和儿女心目中的英雄！妈妈们，一定要满足他们的愿望！

爸爸是孩子的第一个男子汉榜样，孩子会在爸爸身上学习举手投足、待人接物、果断行事的男人气概，孩子的成长需要父亲，就如他们生命的诞生一样，父母双方缺一不可。

孩子有难题了，你想丢给爸爸解决，别直接说："去找你爸！"你要说："你爸爸最厉害了，肯定能想到办法的。"
当你家孩子用软软糯糯的童声对他说"妈妈说爸爸最厉害
了，一定有办法的"，他会反驳吗？他一定会豪气地把事
情揽过去的！

微案例：奥运爸爸不缺席

　　在 2017 年 8 月 6 日结束的 2017U.S.Kids Golf
世界高尔夫锦标赛中，刘国梁的女儿刘宇婕以总
杆数 106 杆获得女子 7 岁及以下组的亚军，才刚
刚 7 岁就已经为国争光，简直太厉害了！

　　大家都很好奇忙碌的刘国梁怎么会有那么多
时间培养女儿？而事实是，他从来不曾缺席女儿
的成长。

　　虽然刘国梁工作繁忙，但他不仅找来专业的
教练员为孩子训练，还时不时在高尔夫球场上认
真地给女儿当球童。刘国梁像管理球队一样，从
小就给女儿立规矩。比如陪孩子一起打球，每星
期至少一到两次。这样一段时间下来，打球成了
女儿的一种习惯，女儿也就不会觉得烦躁了。孩
子虽然小，却能明白父亲的良苦用心，3 岁开始
打球，6 岁开始到全国各地打比赛，从来没有喊
过苦。

　　亲爱的爸爸们，如果你们真的爱孩子，那么，就得像刘
国梁一样多陪孩子。放下不必要的社交，婉拒无意义的牌局，
推掉无关紧要的商务与应酬，回家陪在孩子的身边，爸爸和
妈妈都是孩子健康成长的保障，缺一不可。

5.3 学会开家庭会议，
做个"没主见"的父母

不要问孩子你应该做什么，孩子不傻，你要问孩子，你觉得我们现在做什么好？

孩子管不住

麦子咨询时的第一句话是："我被两个孩子打败了。"

麦子有一对可爱的龙凤胎宝宝，已经8岁大了。职场妈妈的日子一点儿都不轻松，每天连轴转，好不容易等到下班，拖着疲惫的身体打开门，只见一片狼藉，鞋子、袜子、衣服从门口开始蔓延到沙发上，茶几上有敞开口的书包，饭桌上有书和本子，厕所里有橡皮……昨天更夸张，除了一如既往的乱，两个孩子还在玩吹泡泡游戏，地板上到处是滑溜溜的泡泡水，被泡泡水打湿的衣服洗了很久还是有深一块浅一块的痕迹。

麦子再也控制不住自己的情绪，发飙了："谁干的？给我立即收拾干净，家里要保持干净，给你们说多少次了？"两个孩子吓得躲到一边不敢发声，麦子一看更生气了，伸手就要把他们"捞回"屋里来，没想到脚下一滑，自己也摔了个"狗啃泥"。

麦子绝望地问："孩子这么熊怎么办啊？每天问题层出不穷，我觉得精力在不断透支，各种方法都用过，强调、批评、惩罚都没有效果。"

像麦子这样的妈妈，不如试试"家庭会议"吧？
很多妈妈听到家庭会议的第一反应是，是"批斗会"吗？

还是"一言堂"？家里肯定大人说了算，开家庭会议有什么用吗？

家庭会议应该让孩子"当家做主"，只有大人"没主见"，孩子才会意识到自己也是家里的主人，才会积极主动去解决问题。做"没主见"的父母，带着爱和信任逐渐放手，孩子可以成长得很快。

下面看看麦子是怎样学习举办第一次家庭会议的吧。

角色认领

（1）主持人。孩子们非常乐意当主持，并且在四五岁之后就能做得非常出色。这项工作应该大家轮流做。主持人的职责包括召集大家开会，带头开始致谢，开始解决问题，第一个持话筒者发言（话筒可以用一支笔来代替），并监督逐一传递发言棒，以确保每个人都有机会发表意见或提出建议。第一次家庭会议需要克服的困难最多，可以由妈妈来主持，给全家人做示范，以便下次家庭会议时孩子们能模仿。

（2）记录员。这项工作全家轮流做，只要会写字就有资格。记录员的任务是记录会议讨论的内容和做出的决定。本次的记录员由哥哥担任，下次由妹妹担任。

（3）计时员。负责记录时间，家庭会议如有争议时，不能无休止争论下去，也不能没解决问题就散会，这项工作全家轮流做。第一次家庭会议的计时员由妹妹担任。

致谢

家庭会议要以每个人向每一个其他家庭成员致谢为开始。父母可以通过向每一个家人致谢来为孩子们做出示范。例如，麦子说："感谢哥哥帮忙择菜，感谢妹妹帮妈妈洗菜，谢谢你们一起参与做饭，让全家在这么短的时间内就吃上了可口的饭菜，感谢老公今天特意开车来公园接我们回家。"

另外，如果看到孩子们之间正在发生一些好的事情，就要提醒孩子记在心里，好用于致谢。让每个人说出一件让自己感激的事情，有助于全家想到原来有那么多平时认为理所当然的事情需要感激。

提出议题与头脑风暴

麦子提出议题："我想让家里的物品找到自己的'小家'，让家里干净整洁、舒适，孩子们有什么好办法吗？全家一起讨论，今天的家庭会议没有批评、指责、命令，只有尊重、平等和鼓励。"

哥哥和妹妹纷纷主动表达自己的想法。

① 衣服叠整齐，放到衣柜里或者床头。

② 进门后把两只鞋子挨在一起放进鞋柜。

③ 放学后把书包放到书桌上。

④ 写完作业后把书和本子、文具盒等放进书包里。

⑤ 红领巾挂在床头。

⑥ 玩具分类放进玩具箱里。

……

没想到经过当晚的头脑风暴，大家竟然很快列出了家务清单。

找到解决办法

经过家庭会议的讨论，大家提出了各种解决问题的办法，经过全家多次协商和沟通，最终达成统一意见：哥哥负责叠衣服和清理沙发，妹妹负责收鞋子、收拾玩具，爸爸妈妈也都认领了任务，全家一起参与。他们把会议的内容写在纸上，贴在冰箱侧面，大家都能看到。

家庭娱乐

会议结束后的娱乐活动必不可少，就像是饭后的甜点一样，让会议在愉快的氛围中结束。麦子全家围坐在一起分享美食，吃了冰淇淋蛋糕和各种水果，全家其乐融融。在不同的家庭中，结束家庭会议的方式不同，有的是孩子跳一支优美的舞蹈，有的是全家一起出去吃美食，还有的是父母陪孩子看一集动画片，选择适合自己家的方式即可。

麦子后来告诉我们：在家庭会议的第二天，孩子们各负其责，她下班回到家后，看到家里非常整洁。看到妹妹把鞋子摆好放进了鞋柜，麦子说："宝贝，我看到你把鞋子摆放整齐放进了鞋柜，谢谢你遵守了约定。"看到哥哥回家把外套叠好放到床头，麦子说："宝贝，我看到你把自己的外套叠好放到了床头，谢谢你按家庭会议中的约定执行。"哥哥和妹妹都很开心，争着问麦子，下一次家庭会议什么时候举行。

每周一次的家庭会议能帮忙解决孩子生活中的问题，例如，赖床、写作业磨蹭、不愿意练钢琴等。家长不再像以往那样大吼大叫，而是用温和而坚定的态度，把决定权还给孩子，用有效的方法赢得孩子的合作，就这样享受着养育孩子的过程。

家庭会议的好处有很多。互相感谢的环节让全家人被"看见"，增强了家庭成员的感情，让家庭更和睦。

全家头脑风暴环节，每个人都有机会发言，全家一起想办法，尊重每个人的想法，最终全票通过方可达成共识，否则将把问题持续到下次的家庭会议上。

问题在家庭会议上提了出来，孩子们想出了解决方案。在实施全家人的决定出现问题时，妈妈和爸爸不承担责任。父母置身事外，轻松做个"没主见"的父母吧，让孩子们执行规定。

家庭会议还可以解决孩子的其他问题，例如，不好好吃饭、不按时睡觉、不写作业 、打架骂人、乱扔垃圾、乱买玩具……也可以解决家庭中其他困惑，例如，孩子要养宠物、有争议的出游计划……

家庭会议中的解决方案必须经过全体同意，重要的是家庭会议不能追究责任。其实，当专注于每个问题的解决方案，而不是考虑其后果时，权力之争明显减少了。

家庭会议应该每周一次，而不是每天一次。在确定了家庭会议的时间后，就要每周坚持召开。不要因为忙碌或其他事情而改变或取消家庭会议，孩子会根据父母的行为来判断家庭会议的重要性。

★ **特别提醒**

　　家庭会议不是批斗会，写议题时不能直言不讳地针对孩子，例如解决孩子不吃饭问题。这样的议题孩子一看就知道针对他 / 她，会不愿意配合，更不愿意参与会议。父母要站在全家和孩子的角度思考议题，例如可以改成如何让孩子健康茁壮成长，这样的议题家长和孩子都能接受，孩子也更愿意参与其中。

5.4 二宝来啦，
　　如何让大宝喜欢二宝

　　我们留给孩子最好的陪伴，是一个亲人。除此之外，请记得我们依然是一个新手二娃父母。

　　历尽艰辛生下了二胎，期待他们手足相亲。

　　可是……家里每天都充斥着这样的声音。

　　"这是我的！"

　　"不许碰我的东西！"

　　"我不要弟弟了！"

　　"什么时候把弟弟送回去？"

　　"妈妈，他打我！他故意的！"

　　"哥哥不给我！"

　　"妈妈，你好久都没陪我了……"

"妈妈不爱我……"

手足情深只是想象中才有的美好画面吗?

郑重地告诉大宝:你升级啦

"我有一个弟弟,比我小了6岁。当时是中国计划生育最严的时候,妈妈怀孕的时候,一直瞒着工作单位的所有的朋友同事。妈妈的工作需要整天穿着白大褂,也不需要太多走动,所以同事们都没发现,到她生的最后一天才知道她怀孕了。但是,同样在那个时候才知道了她怀孕的人,还有我。"

"那天放学回家,突然发现家里多了一个小宝宝,然后听到妈妈说:'你做哥哥了。'我觉得很困惑很奇怪。"

"这种困惑一直没有消失。我以为这个弟弟很快就会离开,没想到他在家里一住就是好久。我忍不住去问妈妈:'他什么时候离开呀?'"

个体心理学中将每个孩子在家庭当中的位置,比喻为"家庭星座"。《阿德勒心理学讲义》中提到"每个孩子都希望占据家庭星座中最耀眼的位置——太阳,他们无不竭尽所能地吸引父母的目光。他们对于自己手足地位的觉知,以及所创造出来的争取模式,将是人类原型的材料。"

如果没有给老大做好心理建设,他很可能会拒绝接受老二的到来。要知道,每个老大天然地就占据着父母100%的关注,如果毫无铺垫地,就要他把爸爸妈妈的爱分给一个"天上掉下来"的二宝,这是很难接受的。

二宝出生了之后，爸爸妈妈可以给大宝准备一个蛋糕或者礼物，恭喜大宝升级做哥哥 / 姐姐啦，这是一份荣耀，也是身份的升级。

爸爸妈妈给你的爱还是 100%

无论爸爸妈妈再怎样努力平均分配自己的时间和精力，我们都无法做到完全的"公平"，倒不如我们放下对绝对公平的执着，把目标放在确保每个孩子都能收到爱的信息上。因为，每个孩子想要的并不是父母 50% 的爱，而是父母 100% 的爱。

爸爸妈妈可以告诉孩子，自己的精力分配无法做到完全平均，但爸爸妈妈会抽出一个完整的时间陪老大做一些他喜欢的事情。让爸爸妈妈有机会单独跟老大待在一起，这非常非常重要。这个时间不需要太长，可能只是 30 分钟，但是老大在这个"特殊时间"里得到的是爸爸妈妈 100% 完整的陪伴，就好像充电站一样，孩子充满了电，就不会通过错误的行为来寻求关注了。没有什么比爸爸妈妈真诚的陪伴，更能够让孩子知道你爱他。任何事情都可以推迟，但爱不能。

而且，还要将老大培养成"父母的小帮手"，这样父母照顾小宝的过程不仅更轻松，老大也可以通过照顾小宝获得父母更多的关注和赞赏，进而培养出自己的领导力。

打架正是学会和平相处的好时机

孩子打架是多子女的养育中，家长最头疼的问题之一。

"你们俩都给我住手！现在就住手！回房间，想好好说话的时候再出来！"——这是法官。

"来来来，妈妈再给你买一个更大更好的，妈妈陪你玩，不给哥哥玩了。"——这是救火队员。

"别哭别哭，妈妈给你评评理，是哥哥不对，妈妈帮你抢回来。"——这是裁判。

"为了这么点儿玩具就动手打架。我像你这么大的时候已经很懂得照顾弟弟妹妹了！你应该爱你弟弟，兄弟之间就是要相互关心，懂得分享。以后出去，你们两个更得相互帮助，不能打架……"——这是唐僧。

想要引导孩子和平相处，家长不能总做"法官"和"裁判"，而是要做"翻译官"——把孩子无法说出的情绪感受、内在想法说出来，再引导他们自己解决。

"你的恼火我可以理解，我也曾多次感到愤怒，但用打人的方式回应不是好办法。你愿意跟我说说你和弟弟在争吵的时候发生了什么吗？"

"即使你们打架我也爱你们，我知道你们也都爱对方。有什么好办法能让你们既能在一起玩得开心，又不互相伤害呢？"

或者还有更好玩的方式，做个"主持人"，让孩子们尽情地来一场枕头大战吧，用游戏的方式幽默地解决问题。

"孩子们，我猜你们俩现在都感觉很烦，不知所措，在找到解决方法之前，你们可以先分开冷静一下。谁冷静完，可以亲一下妈妈，两个人都亲完妈妈，就可以一起玩了。"

微案例：妈妈，哥哥又打我了

来看看这个妈妈是怎么处理兄妹打架问题的。

1 岁多的妹妹咬了哥哥的脚趾头，把哥哥咬得非常非常疼，哥哥气哭了，追着要打妹妹。外婆抱着妹妹躲的时候，妹妹挨了好几下打。哥哥很生气说："哼，谁让她咬我的！"

妈妈先是分开了哥哥和妹妹，让外婆抱着妹妹，自己搂过哥哥到旁边冷静了一会儿，跟哥哥说："听说刚刚妹妹咬了你了，你愿意跟我说说发生了什么吗？"

哥哥听到妈妈这么问，开始描述："我刚在沙发上躺着，把脚翘起来，玩那个小黄人玩具，然后，妹妹就走到我面前，突然咬了我的脚趾头，我觉得她用尽了全身的力气在咬我。我的眼泪一下子就出来了！"

妈妈给了哥哥足够的时间，哥哥很清晰地描述了整个事件的过程。妈妈看着他的眼睛说："哦，突然就咬哭了呀，那应该真的挺疼的。" 哥哥强调："我不是哭，我是大哭！"

妈妈问："那妹妹咬你的时候，你有什么感觉呢？"

哥哥看过电影《头脑特工队》，常常用头脑特工队的情绪小人来描述感觉："不光有怒怒，还有忧忧，我当时都哭了。"

妈妈安慰他说："看起来真的很疼，妹妹偶尔也咬过我，我知道她现在咬起人来真的挺疼的。下一次如果她再咬你，你会怎么做呢？"

哥哥说："我就打她。"

　　妈妈没有摆出一副教育他的样子说不能打妹妹，而是帮妹妹翻译："你观察到妹妹咬完你之后，她是很害怕，很紧张，还是她完全不知道自己在做什么，一脸的迷糊？"

　　哥哥说："对，她一脸迷糊，根本不知道自己在做什么。"

　　于是妈妈告诉哥哥："妹妹在这样的年龄，并不知道她这一口咬下去的轻重，她其实是想跟你玩儿，她也不知道咬疼了你。所以我们需要告诉她，你这样咬疼了哥哥，哥哥很生气。同时，如果我们每一次都在妹妹做出一些不当行为的时候，反应非常非常激烈，她有可能会觉得你是在跟她玩儿，反而会经常咬人呢。"

　　这个时候，哥哥说："其实我也没有真打疼她，我都舍不得打她。我是真的被咬得很疼。"

　　妈妈告诉哥哥："谢谢你，在这么疼的时候还能克制自己，并没有使劲去打妹妹。还选择冷静的方式来处理这种事情。这真不容易。下一次妹妹再咬你，我们一起告诉她这样不可以。"

　　接下来妈妈转过身，抱着妹妹，跟似懂非懂的小家伙诉说这件事情："听说你今天咬了哥哥哦，你把哥哥咬得非常非常疼，哥哥都疼哭了。哥哥打你是因为他非常生气。下一次你再咬人的时候，妈妈会阻止你哦。你如果想跟哥哥玩的话，要这样轻轻地摸摸。"

　　虽然妹妹听不懂，但是妈妈这些话其实是说给哥哥听的。同时，1岁多的小妹妹也能感受到妈妈的态度。

　　其实，这个小插曲并不会影响兄妹俩的感情。晚上睡觉的时候，妹妹学会了一个新动作，哥哥情不自禁地给妹妹鼓掌，鼓完掌又说："你今天用尽全身力气咬我，我还在生你气呢！"可是说完这句话，他又过来抱抱亲亲妹妹了。

相信在这样的家庭里长大的孩子，未来可以相扶相持，相亲相爱地在这个世界上生活。

【小工具】大宝上岗清单

① 买一个蛋糕给大宝，有仪式感地宣布："恭喜你当哥哥／姐姐啦！"

② 上医院检查时带着大宝，给大宝看肚子里二宝的 B 超，请他／她一起倾听胎心，感受喜悦。

③ 给大宝看二宝的成长发育图，告诉大宝，二宝在肚子里长成什么样子了。

④ 跟大宝讲一讲他／她在妈妈肚子里的成长故事。

⑤ 邀请大宝当翻译官，给妈妈翻译一下，肚子里的二宝想要传递的信息。

⑥ 鼓励大宝与二宝连接。比如，让大宝每天晚上都给二宝讲故事，然后跟胎儿说晚安，说："你住的小房子，我也曾经住过哦。"

⑦ 当着大宝的面跟二宝说话，告诉他／她拥有如此了不起的大哥哥／大姐姐是多么幸运的一件事情。

⑧ 妈妈引导大宝一起头脑风暴，想想二宝出生后大宝可以做些什么。

⑨ 让大宝选出他／她愿意送给二宝的玩具和服装，让大宝一起参与布置宝宝的房间。

⑩ 跟大宝一起学习照顾新生儿的课程。

5.5 懂你，才能更好地爱你

我懂你，是因为想好好去爱你。爱让我承认自己的无知，去学习如何更有效地和孩子沟通。

⊖ 我的孩子是不是比别人差

天天妈妈从天天出生以后，把大部分的精力放在孩子身上，觉得自己付出了 100% 的心血。养儿一百岁，忧到九十九。孩子咳嗽时，她害怕孩子得肺炎；孩子动作慢时，她担心孩子得脑瘫；如果孩子学习进步慢，她又担心孩子智力发育会不会有问题。

她经常和一群宝妈在育儿微信群里讨论如何带孩子，用别人教育孩子的标准来对比自己的孩子。有的宝妈会在微信群里说："哇，我家宝贝会背三字经啦！""我的孩子会四种泳姿啦！"还有的宝妈会在朋友圈晒娃炫耀："孩子今天获得了学校的三好学生，开心！"当天天妈妈看到别人家的孩子非常优秀，自己孩子与之有差距时，她就很紧张和焦虑，忧心忡忡。

天天刚上一年级时，上课总是坐不住，朗读课文结结巴巴的，字写得也一般。而一起长大的同龄女同学已经伶牙俐齿、写字很漂亮了。天天妈妈经常收到老师的信息："孩子的阅读水平有待提升，需要父母帮助孩子在家多练习。"天天妈妈非常着急，在家帮助孩子做朗读练习，孩子不太配合，效果依然不明显。她很烦恼，为什么自己操碎了心，孩子却并没有表现得很出色呢？

事实上，男孩和女孩有区别，比如，大部分男孩的言语发育速度会比女孩慢，5 岁的男孩言语能力只相当于 3 岁半的女孩，所以天天的女同学比他更能说会道是比较正常的。

如果在孩子的成长过程中，父母能阅读专业的书籍，学习相关课程，提前了解孩子的身心发展规律，对于孩子成长过程中出现的问题和困难，就不会那么容易慌张和焦虑了。**懂，才是最大的爱。**

父母必须知道的孩子身心发展三差异

◆ 年龄差异

小区里 3 ~ 6 岁的小朋友经常一起玩，妈妈有时候会忍不住去比较，哪个小朋友已经能自己吃饭了，哪个小朋友已经会数到 100 了，哪个小朋友已经去上英语班了，我们家的宝贝好像落后了。

学龄前的孩子，每年都有较大的变化，每个月都有一些改变。如果忽略孩子的年龄及个体差异，就会陷入无意义的焦虑之中。父母应该多享受孩子一天一天长大的过程，不要揠苗助长。

年龄差异

◆ 性别差异

在孩子生命形成的时候，生理性别就已经形成了，男孩和女孩是有区别的。女孩天生情感细腻丰富，懂得察言观色，男孩天生对人际关系的觉察比女孩弱一些。社会对男孩和女孩有不同的性别角色期望，这些期望表现在家庭教育和社会教育中。在孩子的成长中，成年人会以他们的行为影响着孩子性别角色的形成。

性别差异

◆ 性格差异

即使是双胞胎，性格也会有差别。有的孩子比较活泼开朗，喜欢在他人面前表现自己；有的孩子比较文静、腼腆，有心事不爱告诉爸爸妈妈；有的孩子比较有主见，做事情有目标、有想法，不太能听得进父母的建议。对于不同性格的孩子，父母的沟通方式也要做相应的调整。

性格差异

如何做一个懂孩子的父母呢

做终身学习的父母

很多职场岗位需要"上岗证"，比如司法资格证书、会计从业证书、注册金融师证书，唯独做父母没有"上岗证"。**父母是一门全新的职业，需要从头开始学习，需要终身学习。**父母要学的事情太多太多，从如何为孩子把屎把尿，到如何帮孩子成长成才，一天也停不下来。学习的过程，也是父母重新认识世界的过程。

轩轩爸爸在陪他学游泳的过程中，自己也克服了对水的恐惧，现在父子俩经常一起去游泳。

小米妈妈在给小米读绘本、讲诗词的过程中，重新发现了唐诗宋词的美。小米不时迸发的自创的诗，让她忍俊不禁。有时小米睡着了，小米妈妈会悄悄亲吻她的额头："宝贝，谢谢你，你的到来让妈妈发现了一个全新的世界。"

发现孩子的闪光点

每个孩子都是独一无二的，各有各的特点，要找到自己孩子擅长和喜欢的领域。方向找对，效果翻倍；方向不对，努力白费。

小可妈妈小时候没有条件学芭蕾，希望孩子学跳芭蕾舞，这样孩子长大后会有更气质。但是小可并不感兴趣，在妈妈的威逼利诱下勉强学了一年。第二年报名时，小可死活都不愿意继续学习，妈妈非常难过。

后来，妈妈发现小可对书法比较感兴趣，问小可要不要去上书法班。小可这次很爽快地答应了："书法我蛮喜欢！"后来小可越学越有感觉，每次练书法时，一点儿都不觉得累，老师对她的作品评价也很高，还推荐她参加书法比赛。

成为孩子的信心源

父母应该是孩子的信心源，而不是纠错员。

瑶瑶爸爸是一个爱挑孩子问题的"狼爸"，只要孩子做的事情达不到他的标准，比如考试没有考好，他就大发雷霆。爸爸情绪失控的状态经常让瑶瑶觉得非常害怕，经常"哇"的一下哭起来。久而久之，瑶瑶变得越来越胆小，甚至都开始害怕去上学。

瑶瑶爸爸很困惑："我都是为瑶瑶好，找到她的错误让她改正，帮助她提升，这难道有错吗？"

在我们的指导下，瑶瑶爸爸慢慢意识到自己的问题。他下定决心要改变。当他发现瑶瑶的数学计算老出错时，他说："瑶瑶，没关系，这个问题出现了，我们一起想想办法解决好不好？或者以后我们做完题检查一下，爸爸会帮助你的。"

瑶瑶很高兴地点头："好的，爸爸，下次我要仔细检查。"

爸爸看着露出笑脸的瑶瑶，马上及时给予回馈："瑶瑶学习越来越认真，会花时间检查了，爸爸为你点赞哦！"

后来，爸爸还和瑶瑶设计了错题集，把瑶瑶曾经做错的题都抄在上面，考试前主要复习这部分内容，另外，爸爸对瑶瑶的鼓励也越来越多。

到了期末，瑶瑶的数学成绩进步很多，瑶瑶也变得越来越自信了。

懂比爱更重要。如果家长能懂得孩子的身心发展规律，真正从孩子的角度看孩子，就会理解孩子的种种天真幼稚的不成熟行为，就会大大减少负向手段的使用比例。这样，孩子就会和你越走越近，好孩子也在不知不觉中被培养出来了。

【小科普】"男孩女孩大不同"

专心致志的男孩 VS 一心"多用"的女孩

男孩和女孩的大脑结构存在差异，女孩的大脑功能呈现"扩展性"分布，零星散布在左右脑。男孩的大脑泾渭分明，他们会对大脑活动进行区块划分。

男孩一般一个时段只能干一件事，很难一心多用。女孩一般一个时段能做到一心多用，比如一边看电视，一边玩，还能唱着歌。而男孩如果在看电视时，别人喊他，他会因为比女孩更专注，常常听不见。

精力旺盛的男孩 VS 安静乖巧的女孩

男孩睡得会比女孩少，精力更旺盛，体力更出色。男孩总是有使不完的劲，上蹿下跳，还特别喜欢有攻击性的游戏。女孩安静一些，有时候抱着布娃娃就可以玩很长时间。

擅长人际的女孩 VS 执着于物体的男孩

女孩喜欢与人打交道，男孩喜欢与具体物体接触。男孩很难成为"贴心小棉袄"，而大家喜欢把闺女叫作"小棉袄"。女孩从小就对人充满兴趣，喜欢感受对方的情绪。男孩更感兴趣的不是人，是物体。他们的世界里可能除了玩具车、恐龙、奥特曼，还是玩具车、恐龙和奥特曼。

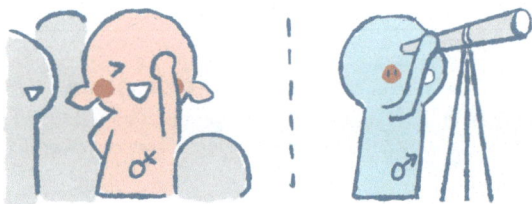

2017 年 6 月 26 日，有这样一条私信："做了这么多年育儿培训，积累了这么多方法论，我们仨要不要一起写一本育儿书籍，帮助更多的人？"

一拍即合。

说干就干。

3 天后，写书项目群搭建起来了。

6 天后，书稿大纲基本确定了。

何小英的"英"（樱），魏华的"华"（花），李丛的"丛"（丛），仿佛是冥冥中的缘分，我们组成了一个自带美丽属性的组合：樱花丛。

一点儿都不美丽的是，接下来的 220 天，我们写了 22 万字，删成了 10 万字，又彻底改写了 6 万字。

写书比我们想象的艰辛多了！我们本以为自己曾经写过单篇超 200 万阅读量的微信公众号文章，曾经讲过成百上千次课，甚至曾经出过书（比如李丛参与过《行之有效的正面管教工具》的写作），写这本书应该不成问题，但是，天哪，原来写书比上课难上 10 倍，比写公众号文章难上 100 倍！我们都是妈妈，晚上要安顿好孩子才能开始动笔，甚至 11 点多还在开电话会议讨论书稿。天亮前，趁着孩子没起来，四五点又爬起来争分夺秒写一点儿。

在写书和改稿期间，我们曾一度怀疑自己的写作能力，甚至想要放弃——三个宝妈，在育儿领域小有名气，每年的课程和讲座都满得排不过来，何必坚持每天深夜熬到凌晨两点，写书稿折磨自己呢？还是讲讲课比较简单！

写书又比我们想象的要幸运多了！我们原以为，出书是件很难的事情，即使我们三个合作，也怕是要一两年才能完成。慢慢做吧，就当是总结自己的经验，让梦想慢慢发酵。然而秋叶大叔的出现，让我们的梦想开始加速！

大叔说："既然要做，就做好它，不能随便出一本就卖了。我帮你们，出好书！"在大叔的"小皮鞭"下，我们感受到梦想一下子就照进了现实！出书不再是梦想，而是努力的方向。秋叶大叔对我们这群第一次写书的宝妈真的是倾尽全力地指导，不仅手把手地教授如何修改结构，甚至手把手地教授如何遣词造句。两次私房课后，把我们三个人留下，开个小灶，一篇一篇文章点开，一句一句指导如何修改。

这本书的每一篇文章，几乎都修改了十多遍，有的甚至跟初稿已经大相径庭了。但是每一次修改都是一次跃迁。经由写作这本书，我们将过去近十年里做过的 100 多期家长工作坊、300 多场课程、1000 多个家庭案例，做了一次深度的总结梳理，找到了家长普遍的育儿痛点，总结出了很多实用模型，这些模型在以往的育儿书和家长课程当中是从未出现过的！

我们都是妈妈，都能体会到面对孩子教育中出现的各种问题时，我们没有应对方法的无助和抓狂。我们在成书过程中，想象你就坐在我们的对面，我们恨不得掏心窝子把这些年研究的方法论，通通都分享给你——想为孩子带来幸福人生的你。

这本书是我们三个人合作出的第一本书，这本书完成了我们每个人的出书梦。然而这个梦想才刚刚开始。我们真正的梦想是通过这本诚意满满的宝妈干货书，让实用的育儿方法真的落地实践，真正帮助到大家。